民族之魂

互利合作

陈志宏◎编著

延边大学出版社

图书在版编目（CIP）数据

互利合作 / 陈志宏编著 . —— 延吉：延边大学出版
社，2018.4（2023.3 重印）
（民族之魂 / 姜永凯主编）
ISBN 978-7-5688-4534-2

Ⅰ . ①互… Ⅱ . ①陈… Ⅲ . ①品德教育—中国—青少
年读物 Ⅳ . ① D432.62

中国版本图书馆 CIP 数据核字（2018）第 069826 号

互利合作

编　　　著：陈志宏
丛 书 主 编：姜永凯
责 任 编 辑：孙淑芹
封 面 设 计：映像视觉
出 版 发 行：延边大学出版社
社　　　址：吉林省延吉市公园路 977 号　　邮编：133002
网　　　址：http://www.ydcbs.com　　E-mail：ydcbs@ydcbs.com
电　　　话：0433-2732435　　　　传真：0433-2732434
发行部电话：0433-2732442　　　　传真：0433-2733056
印　　　刷：三河市同力彩印有限公司
开　　　本：640×920 毫米　　　1/16
印　　　张：8　　　　　　　　字数：90 千字
版　　　次：2018 年 4 月第 1 版
印　　　次：2023 年 3 月第 2 次印刷
ISBN 978-7-5688-4534-2

定价：38.00 元

人有灵魂，国有国魂；一个民族，也有民族魂。

鲁迅先生曾经说过："唯有民魂是值得宝贵的，唯有他发扬起来，中国才有真进步。"

鲁迅先生以笔代戈，战斗一生，曾被誉为"民族魂"。

民族魂，顾名思义，就是一个民族的灵魂！民族魂，是一个民族的精髓，体现了一种民族的精神，是一个民族生存和存在的精神支柱。

什么是中华民族的民族魂？那就是中华民族精神！它是中华民族凝聚力的理念核心，是中华文明传承的基因。它包含热烈而坚定的爱国情感，对生活的美好愿望和追求，为目标努力奋斗的拼搏毅力，为正义事业不惜牺牲自己的精神，以及正确的人生观和价值观。

前 言

翻开浩瀚的中国历史长卷，我们可以看到数不胜数的，体现民族精神和民族魂的英雄人物和可歌可泣的感人故事。

民族魂，不仅体现在爱国主义精神和行动中，而且体现在各个领域自强不息的民族奋斗中。而中华民族精神的力量，更是深深植根于延绵几千年的传统文化之中，始终是维系中华各族人民共同生活的纽带，是支撑中华民族生存和发展的精神支柱，是不断推动中华民族前进的强大动力。

民族魂体现在"重大义，轻生死"的生死观中；民族魂体现在"国家兴亡，匹夫有责"的使命感中；民族魂体现在"我以我血荐轩辕"的大无畏精神中；民族魂

体现在将国家利益置于最高的爱国情怀中！

纵观中华五千年文明史，曾经有多少杰出的政治家、军事家、思想家、文学家、科学家、艺术家；曾经有多少忧国忧民、鞠躬尽瘁的仁人志士；曾经有多少抗击外敌、英勇献身的民族英雄。他们或顺应历史潮流，积极改革弊政，励精图治，治国安邦，施利于民；或为人类进步而不断进行着农业、工业、科技、社会等各种创新；或开发和改造河山，不断创造着灿烂的中华文明；或英勇反击外来侵略，捍卫着国家主权和民族尊严；或坚决反对民族分裂，维护国家的统一……他们从不同的侧面，体现了中华民族的民族魂，谱写了几千年中华文明的壮丽诗篇，铸造了中华民族高尚而坚不可摧的"民族之魂"。

民族魂，就是爱国魂。从屈原在汨罗江边高唱的《离骚》，到文天祥大义凛然赴死前的"人生自古谁无死，留取丹心照汗青"的诗句；从岳飞的岳家军抗击入侵金兵，到郑成功收复台湾；从血雨腥风的鸦片战争，到硝烟弥漫的十四年抗战，再到抗美援朝的隆隆炮声……哪个为国捐躯的英雄不是可歌可泣的？

民族魂，就是奋斗魂。从勾践卧薪尝胆，到司马迁秉笔直书巨著《史记》；从鉴真东渡传播佛法终在第六次成功，到詹天佑自力更生建铁路；从袁隆平百次实验成为"水稻之父"，到屠呦呦的青蒿素获得诺贝尔奖……哪个不是历经艰难，最终取得成功？

民族魂，就是改革献身魂。从管仲改革到商鞅变法；从王安石变法到百日维新……哪次变法图强不是要冲破旧势力的阻挠，或流血牺牲？

民族魂，就是创新魂。古有毕昇发明活字印刷，今有王选计算机照排；古有指南针、造纸术、火药、浑天仪、地动仪的发明，今有神舟号的相继飞天……哪个不是中华民族的智慧结晶？

自古以来，多少仁人志士为了维护人格的尊严和民族气节，以生命为代价！留下了"玉可碎不可污其白，竹可断不可毁其节"的称颂；有多少英雄豪杰，为理想和事业奋斗，面对死亡的威胁，大义凛然；有多少爱国壮士面对侵犯祖国的列强，挺身而出而献出生命。

伟大的中华民族孕育了五千年的辉煌，五千年的历史留下了璀璨的中华文明。

前 言

中国人的血脉流淌着顽强不屈的精神！我们的先辈用血汗和生命铸就了不朽的中华民族魂！换得如今中华大地的一片祥和安宁，换得我们现在的幸福生活。如今，我们要实现习近平主席提出的中国梦，依然需要我们秉承祖辈留下的这种"民族魂"。

青少年是国家的希望，亦是民族的未来。因此，爱国主义教育和励志图强教育要从青少年开始。为了增强对青少年的民族精魂和志向教育，我们精心编写了本套丛书——《民族之魂》丛书。

本套丛书将我国有史以来体现民族精神和民族魂的典型事迹，以通俗易懂的语言故事形式展现出来，适合青少年的阅读水平和欣赏角度。书中提供的人物和事件等故事，涉及社会的各个方面，有利于青少年学习和理

解，使读者能全方位地领悟中华民族精神。

为了帮助读者更好地理解和吸收故事的精神，编者在每篇故事后还给出了"心灵感悟"，旨在使故事更能贴近现实社会，让读者结合自身的需要学习领会，引发读者更深入的思考。

希望读者们可以从本套图书中获得教益，通过阅读，真正体会到中华民族之魂所在，同时能汲取其精华，不断提升自己各方面的素质和品格，为祖国新时代的建设和发展做出努力。

全套丛书分类编排，内容详尽，风格独具，是广大读者尤其是青少年爱国励志教育的优秀阅读材料。相信本套丛书一定可以成为青少年朋友的良师益友。

民族之魂

导言

　　交通是一个地区和国家发展的重要方面。古代中国受地域的影响和当时航海技术的局限，人们大多数以陆地为活动范围，社会经济主要以农业生产为主。自古以来，我国就是一个多民族国家，从管理到各民族、各地区民众之间的交流，使历朝历代的管理者都很重视交通的发展，所以，在广袤的中国大地上有着纵横交错的交通网，有陆路也有水路。秦始皇修驿道就是在全国范围大修道路的例证。中国又是世界上运河最多的国家，从北到南，从东到西，在海上交通没有大规模开始之前，中国大陆几乎所有的天然河流都被改造过，各大水系都被人工开凿的运河连接过。

　　中华民族的历史是一个不断融合的过程。汉唐时通西域、通西南夷及各朝各代对边疆的开发，使各民族间的交通交流不断发展，不但提高了各民族人民的生活水平，丰富了各民族人民的生活内容，还使中华民族的大家庭不断地充实新鲜的血液。

　　中国的驿站制度是世界上历史最悠久、最完备的通信系统。无论何朝何代，即使是冰封雪覆的北国，也有以鹿、狗为交通工具的通信设施。中国对交通、通信的重视极大地维护了国家的统一，各族人民的沟通融合，也维护了国家的领土完整。只有互通才能互利，南粮北运，缓解北方粮食不足的困局；茶马贸易，促成南北物资交流；互通，可使内陆地区尽享沿海的渔盐之利，又可使产棉区衣被遍天下。互通不仅促进了经济的发展，还极大地促进了文化、科技等方面的发展。

在本书中，我们选编了中国历史上一些互通互利的经典故事，通过阅读本书，可使读者更深切地了解到互通互利的内涵和我国交通、外交等发展历史。在当前改革开放的新形势下，互通互利有了更广泛和深刻的含义，共进双赢已成为我们与世界各地区政治、经济、文化等领域进行交流往来的目标。只要我们恪守中华民族互通互利的传统美德，就一定能够对世界的和平、和谐发展做出更大的贡献。

目录
CONTENTS

第一篇　运河开通　方便南北

2　　殷商开凿太伯渎

5　　春秋吴国开邗沟

9　　战国魏国开鸿沟

13　大秦盛朝建灵渠

18　汉武帝修建漕渠

22　曹操兴修白沟

26　隋炀帝开通大运河

31　宋代治理的汴河

第二篇　友好外交　沟通世界

36　汉公主嫁单于首倡和亲

40　冯嫽巾帼不让须眉

44　甘英延伸丝绸之路

48　最早出使东南亚的使者

52　王玄策三走天竺国

56　"天朝使者"图理琛

61　近代外交功臣第一人

第三篇　经济互利　文化互通

66　张骞通西域开"丝绸之路"

70　宋代"榷场"开商贸平台

74　新兴的沿水城市

78　郑和七次"下西洋"

83　中俄的恰克图贸易

87　驼铃叮当的"茶马古道"

90　晚唐穿越秦岭的三条谷道

第四篇　繁荣盛世　政通人和

94　"休养生息"政策

98　西汉的"文景之治"

102　"以柔治国"的刘秀

107　成武帝李雄治国

109　拓跋珪的改革

112　拓跋焘一统北方

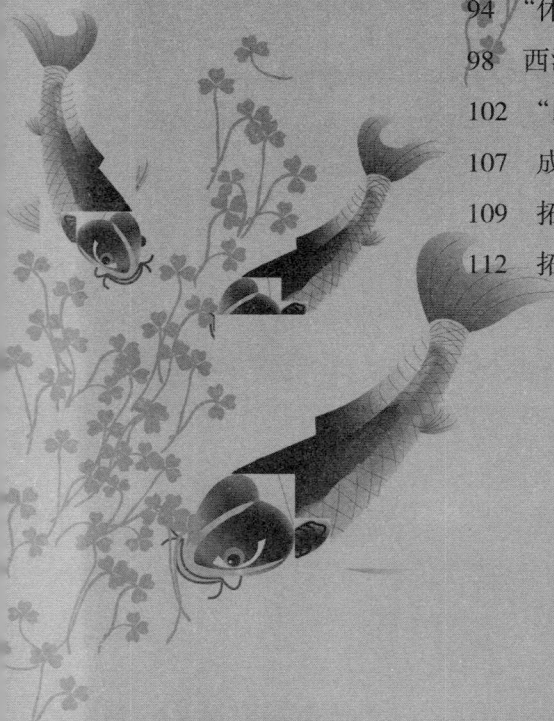

第一篇

运河开通　方便南北

殷商开凿太伯渎

太伯（公元前1285—前1194），任勾吴首领49年，享寿91岁。由于他未婚无后代，死后由仲雍及其后代继承其位。直到姬昌之子周武王灭殷商后，勾吴国方被周朝正式封为吴国。从此，太伯被追认为吴国的创始人，史称吴太伯。

太伯渎，又称泰伯渎，相传是太伯率领无锡先民开凿的一条人工运河，唐元和年间拓浚。此运河西起无锡南郊，与江南古运河相通，向东经坊前、梅村、茅塘桥，入漕湖。1958年，南延至望虞河，全长25.5公里，宽22米。现称伯渎港，是无锡县东郊的通航河道。

开凿太伯渎的吴太伯并不是无锡当地人，而是周朝王族的祖先，来自中国西部地区的移民。周人原是我国西部边陲地区的一个农业部落，其始祖姓姬名弃。因善于种植稷和麦等粮食作物，在尧舜时期曾任农官，被周人的后代尊称为后稷。后稷的第十二代孙古公亶父（史称周太王），是个胸怀大志的人。他为避开戎狄等民族的侵扰和便于向东扩展自己的势力，率领宗族从泾水流域的豳（今陕西彬县东北），迁徙至渭水流域的周原（今陕西岐山县、扶风县一带）。在这片北靠岐山、南滨

渭水的肥沃土地上，开荒种植，发展农业生产；建筑城廓家室，划分邑落；并设置官吏，形成一个小小方国，国号为周。周国在表面上臣服于殷王朝，从此开始走向日益强盛之路。

■故事感悟

太伯渎是我国有记载最早开凿的运河。从文献记载中我们看到，太伯这一伟大的创举为人类带来了巨大的发展与进步；不仅发展了农业生产，而且方便了出行，并将中原地区的先进文化和生产技术带到了江南。太伯敢于创新，功绩卓越，令后人敬佩！

■史海撷英

"勾吴"方国的建立

太伯到达江南后，随从当地风俗习惯，断发文身，在生活上处处与当地土著居民打成一片。他还将中原地区的先进文化和生产技术带至江南，组织当地居民发展农业生产、兴修水利、开凿运河等，把这片水网密布、雨水充足、气候适宜的江南土地，开发成为肥沃的农田耕地。由于太伯主动牺牲自我以让贤，德行感人，并且带领当地居民开发自然，功绩卓著，因此受到当地居民的爱戴与拥护，此后便逐渐形成了一个以太伯为首领、拥有千余家成员规模的群体，并且在梅里（今江苏无锡县梅村镇）修筑城廓，建立了自号"勾吴"的方国。

■文苑拾萃

太伯让弟

周太王有3个儿子，长子太伯，次子仲雍，幼子季历。长子太伯未婚独身，次子仲雍和幼子季历都有子。周太王特别喜欢季历的儿子姬昌（即后来的周文王），认为姬昌日后可以成就大业，因而有意要将王位传给幼子季历，以便将来姬昌可以继承王位。在传长不传幼的古代社会，周太王的这一想法完全违反了当时的继承习俗和传位准则。但是，当长子太伯得知父亲的意图后，为了使父亲的意愿能够顺利实现，毅然带领二弟仲雍离开周原，千里迢迢地来到今江南太湖流域一带定居，以便让幼弟季历继承王位。

春秋吴国开邗沟

吴王夫差（约公元前528—前473），又称吴夫差。姬姓，吴氏。公元前495至前473年在位，共23年。夫差是春秋末期吴国国君，吴王阖庐之子。他登位之初，励精图治，大败勾践，使吴国国力达到鼎盛。在位后期，生活奢华无度，对外穷兵黩武，屡次北上与齐晋争锋。黄池之会，勾践趁虚攻吴，吴国从此一蹶不振。公元前473年，勾践灭吴，夫差自杀。

吴王夫差为了北伐齐国并进一步争霸中原，在开凿了古江南河后，就着手开凿位于长江以北的邗沟，以便将原来各自入海、互不相通的长江与淮河沟通起来。最早记载吴国开凿邗沟一事的是《左传·哀公九年》："秋，吴城邗，沟通江淮。"

邗，本是国名。许慎《说文解字》六篇下《邑部》说："邗，国也，今属临淮。一曰：邗本属吴。"由此可知，邗国本是一个独立邦国，大约位于今长江北岸的扬州市至淮河岸的淮安市一带，与吴国是近邻，后来在吴国崛起过程中被吞并，其地也为吴国所占有。春秋末期，吴国为了奠定向北发展的前进基地，选择紧邻长江北岸的今扬州市附近修筑邗城，作为桥头堡。据考古发掘和文献记载，春秋时代的邗城位于今扬州西北五里的蜀岗上。蜀岗南麓是断崖，断崖下南面是长江，东南面就是邗沟。邗沟由邗城西南角向东流至城东南角，经今螺丝湾桥，再经弯头北上。

邗沟的行经路线，在《左传》记载中并没有交待；《汉书·地理志》江都县下有注云："有江水祠，渠水首受江，北至射阳入湖。"这是邗沟行经路线的最早记载，但很不明确。晋代杜预在《左传》注释中说："于邗江筑城穿沟，东北通射阳湖，西北至末口入淮，通粮道也。今广陵韩江是。"杜预的注说虽然比《汉书·地理志》要明确得多，但还是不够具体，直到《水经注·淮水》才将邗沟的行经路线交待得清清楚楚。它说："昔吴将伐齐，北霸中原，广陵城东南筑邗城，城下掘深沟，谓之韩江，亦曰邗溟沟。自江东北通射阳湖，《地理志》所谓渠水也，西北至太口入淮。"

据上述《水经注》记载，明确了邗沟的行经路线如下：它自今江苏扬州市北蜀岗的古邗城之下起，在城下掘深沟，引长江水北流至邵伯镇，东流入艾陵湖；再向北穿行于武广湖（今高邮县西南30里的武安湖）和陆阳湖（今高邮县南30里的洋湖）之间，东北流入樊梁湖（今高邮县北20里）；再向东北流经博芝湖（今宝应县东南90里）入射阳湖（今宝应县东60里）；最后从射阳湖的西北通向末口（今淮安市东北五里的北神堰），到达淮河，全长370里。

邗沟挖成后主要用于军运，即运输军队和军粮、物资等。公元前485年，吴王夫差决定兵分两路北上伐齐，其中一路由大夫徐承率领水师从海上北伐齐国。"徐承帅舟师将自海入齐"，这是我国历史上有关海军的最早记载。

吴国在阖闾和夫差父子两代执政42年期间，由于军事、政治、经济上的需要，先后开凿了胥溪、胥浦、百尺渎、古江南河、邗沟和菏水6条人

工运河，并通过太湖彼此相连，从而形成了一个以太湖为中心、四通八达的运河交通网。吴国的舰队、船舶从都城附近的太湖出发，向西溯胥溪运河经宜兴、溧阳、高淳、芜湖可达长江，并由濡须口入巢湖，通向战乱频仍的江淮地区；向东循胥浦运河可通杭州湾和大海；向南沿百尺渎运河可达钱塘江；向北通过古江南运河达于济水，通向黄河流域，将原来并不相通的江、河、济、淮四渎加以相连贯通。这一创举使我国早在2000多年前的春秋时代就有一条连接长江、淮河和黄河三大水系的南北运河出现在中华大地上，为中国运河史和中国交通史谱写了辉煌的篇章。

□故事感悟

邗沟的开辟主要用于军事，但从邗沟的行经路线可以看出，它是利用许多自然的湖泊连缀而成。因此邗沟挖成后的路线虽曲折多拐，却沟通了原先互不相通的长江与淮河两大水系，交通作用和历史意义十分巨大。

□史海撷英

京杭运河重要的一段——邗沟

从邗沟的行经路线可以看出，邗沟是利用了许多自然湖泊连缀而成的。在2000多年前的今苏北地区，分布着许多大小不同的湖泊。邗沟开挖时，为了节省人力、物力和时间，以及利用湖水作为邗沟的水源，有意识地串联起诸多的自然湖泊，用以减少土方工程量。因此，邗沟挖成后路线走向虽曲折多拐，却沟通了原先互不相通的长江与淮河两大水系，交通作用和历史意义巨大。邗沟经后世历代的多次改线和扩建，成为现今京杭大运河中的重要一段。

东汉后的邗沟

东汉末以后，邗沟进行了裁弯取直的改线，不再经过射阳湖。因此改道后的邗沟，其不同方向的水流会合点也转移到今高邮一带。唐代的李翱曾经乘船沿着邗沟走过，他说："自淮沿流，至于高邮，乃溯至于江。"所谓"沿流"，就是顺流而下，而"溯"当然是逆流而上。其沿与溯的变换点是在高邮，也就是说，高邮一带是当时邗沟南北水流的会合点。

战国魏国开鸿沟

魏惠王（公元前400—前319），姬姓，魏氏，名罃。魏武侯死后，其子罃即位，史称魏惠王。后因迁都于大梁（今河南开封市），亦称梁惠王。魏惠王也与其祖父一样，是个雄心勃勃的有为国君。

从《水经注·渠水》记载来看，鸿沟运河的开凿并非一蹴而就，而是分期陆续完成的。

第一期工程开始于魏惠王十年。

《水经注·渠水》说："渠水自河与泲乱流，东迳荥泽北，东南分泲，历中牟县之圃田泽北，与阳武分水。"泲即济水。荥泽在今河南郑州市西北的古荥镇北。据此可知，鸿沟一开始是与济水合流在一起，自荥阳向东至阳武（今河南原阳县东南），才与济水分开折向东南，流经圃田泽以北。因此，开凿自阳武县境内离开济水后的这一段鸿沟河道，是鸿沟运河第一期工程的内容之一。

据《水经注·渠水》记载可知，鸿沟并非是直接通往圃田泽的，而是"历中牟县圃田泽北"。那么，从黄河引入鸿沟的水又是怎样进入圃田泽的呢？是由贯穿渠、泽之间的多条南北向短小河道，使鸿沟与圃田泽相互连通的。《水经注·渠水》对此有明确的记载："有五池沟，沟上承泽水，下流注渠。"类似的还有不家沟、清沟等。这些南北向短小河道都是自然河流，因位于圃田泽的沼泽地区，淤滞水浅自不待言。因此疏浚这些连接鸿沟与圃田泽的水道，使沟泽之间水流畅通无阻，当是鸿沟运河第一期工程的内容之二。以上工程，都是为了达到"入河水于圃田"的目的。

"又为大沟而引圃水者也"。大沟即鸿沟，开凿大沟将圃田水引流至大梁，是鸿沟运河第一期工程的内容之三。大梁地势低平，周围多沼泽湖泊，较有名的如沙海、蒲关泽、逢忌泽等。一条水流畅通的运河，必有水量丰富的上源和水流下泄的归宿。鸿沟所引圃田水，流至大梁后的下泄归宿大概就是以沙海、蒲关泽等为尾。

鸿沟运河第二期工程是在第一期工程20年之后开始的。据《水经注·渠水》记载："《竹书纪年》，梁惠成王三十一年三月，为大沟于北郛，以行圃田之水。"其中包括两项工程内容：

一是在大梁城北开凿大沟并绕至城东，引圃田水东流，与大梁城东的汳沙水(汳水与沙水的合流段)相接。其后，汳水东流，沙水则南下。

二是开挖从大梁城东折向东南直至颍水的渠道，这是鸿沟运河工程中的主体工程。这一段鸿沟运河也就是后世所称的浪荡渠。浪荡，是到处游荡之意，古人之所以称这一段鸿沟为浪荡渠，是形容它的水没有固定的水道。为什么会这样呢？因为这一段鸿沟是由沙水改造而成的，沙水多沙，河道易以变迁，河床大多宽阔。由此可以推测，当初这一段鸿沟并非是从平地上开凿出来的，而是利用了当地的自然河道和沟渠故道。具体而言，自大梁至陈县(今河南淮阳县)一段鸿沟，则疏浚、改造原有的沙水河流而成；自陈县至颍水一段鸿沟，则可能利用了历史上徐偃王开凿的陈蔡运河北端的一段故道进行改造而成，即后来《水经

注·渠水》中所说的百尺沟。

由于鸿沟不是一条单一的运河，而是连接着许多条水源不足、流量很小的自然河道形成一个水系，因此作为干流的鸿沟，必须具有多处水源，才能使其本身保持着充裕的水量，以满足诸多与之相连河道的供水需要。

鸿沟运河开凿之初没有正式名称，大约因其沟幅比较宽阔，故俗称为大沟，后来才有鸿沟之名。鸿与大是同义，仍是大沟之意，不过含意比大沟深刻而成专名。鸿沟之名最早见于《战国策·魏策·苏秦为赵合纵》："苏子为赵合纵说魏王曰：'大王之地，南有鸿沟。'"苏秦为赵合纵游说魏、韩、齐、楚、赵等国合力抗秦之事发生在魏昭王年间，说明战国时已有鸿沟之名。

□故事感悟

鸿沟运河的开通，使魏境内水上运道四通八达，对魏国的政治、军事、经济以及都市等方面的发展起到了极大的作用；同时使魏国国势得到进一步增强，成为了战国初期的佼佼者，并使魏惠王实现了称霸中原的理想。

□史海撷英

三家分晋

公元前453年，韩、赵、魏三家联合起来攻灭势力最大、占有地最多的智氏，并尽分其地，最后只剩下魏、赵、韩三家。由于这三家实力大致相当，谁也吞并不了谁，因此形成了三家并存之势。至晋幽公继位时（公元前433年），晋室进一步被削弱，所辖疆土除了旧都绛州（今山西翼城东南)和新都曲沃(今山西闻喜县)两城邑外，其他全部被魏、赵、韩三家所瓜分。至此，晋国君主反而要对三家卿族进行朝见，晋国已经名存实亡了。这一事件，史称"三家分晋"。

■文苑拾萃

鸿沟运河的含义

鸿沟运河通常含有狭、广两义。狭义的鸿沟运河是指鸿沟运河的干流，即汉代及后来所称的浪荡渠。它起自荥阳以北的黄河古济水口，向东流经中牟县境至今开封市，再折向东南，流经通许县、太康县、淮阳县至沈丘县境内注入颍水。广义的鸿沟运河，是指包括许多条分支的鸿沟运河系统。

大秦盛朝建灵渠

秦始皇帝（公元前259—前210），通称为秦始皇，嬴姓，赵氏，名政（正），秦庄襄王之子。为中国历史上首位皇帝，杰出的政治家、军事统帅。秦始皇是战国末期秦国君主，首位完成中国统一的皇帝，也是中国历史上第一个使用"皇帝"称号的君主，对中国和世界的历史均产生了深远而重大的影响，被誉为"千古一帝"。

灵渠是我国古代运河工程的伟大创举，它使湘江和漓江相连接，从而沟通了长江与珠江两大水系。从此，中原与岭南之间可以从水路直接相通。

当时，秦始皇在巡游途中，临时决定要去湘江上游一带视察，虽然因大风受阻没有去成，但他惦记着岭南前线的战况和缺乏粮食的窘况。而山路崎岖，要将粮食从岭北运往岭南十分艰难，战争又不知要拖到哪年哪月才能结束。该怎么办呢？于是秦始皇作出了"使监禄凿渠运粮"的决策。

监禄（监是官名，秦朝设有监御史的官职，主监察事宜，监即监御史的简称；禄是人名，因其生平已失传，故后世称其人为监禄，也有称其人为史禄的，实为同一人）受命开凿运粮渠道后，当即组织人力进行这项工程建设，这就是举世闻名的灵渠。

可以说，秦始皇的这一决策既及时又正确。说他及时，是他在预见到这场战争不可能速战速决时，当机立断下令开凿灵渠，以解决军队和粮饷的运输问题；说他正确，是任命监禄担任开凿灵渠的主持，而不是任命别人。当时秦始皇任命监禄开凿灵渠的决策依据是什么，史书没有记载，但有理由可作如下推测，即当时秦始皇巡游至洞庭湘山时，很可能就是根据监禄的建议而作出开凿灵渠这一决策的，因为监禄一开始就负责这次进军岭南的粮饷运输工作。据明代欧大任《百越先贤志》卷一记载："史禄（即监禄），其先越人，禄仕秦，以史监郡。时始皇帝伐百越，使尉屠睢发卒五十万为五军，遣禄转饷。"在灵渠开通前，粮饷运输是采取水陆联运的方式，即从水路溯湘江而至上游，改从陆路越过分水岭，再改从水路自漓江上游而下，运至岭南秦军作战前线。因此，监禄对于湘江和漓江的水道通航状况，以及两江上游分水岭地区的地形情况十分熟悉，据此奏请秦始皇在湘、漓两江的分水岭开凿运河，获得批准而受命凿渠。

灵渠工程艰巨，因此修建了好几年才完成。完成年代史无记载，但大致可确定是在秦始皇三十三年（公元前214年）以前。有了这条从中原直通岭南的水道，大批援军和粮饷得以源源不断地运达秦军前线，最后终于攻杀了西瓯越人的首领译吁宋，扭转了战局。就在此关键时刻，秦始皇下令："发诸尝逋亡人（即曾经逃亡过的犯人）、赘婿（即那些从小就典押给富户当奴隶，过期不赎，主人给他娶妻后用当奴隶者）、贾人（即商贩）为兵，略取南越陆梁地……以谪徙民五十万人戍五岭，与越杂处。"就是说，征发50万中原地区的下层民众，将他们迁移到岭南前线当兵，以夺取最后胜利；并安排他们在新

设的桂林、象、南海3个郡内与越人共处杂居，用以全面控制岭南地区。从此，岭南地区逐渐纳入中国疆土的版图。

翌年（秦始皇三十四年），秦始皇又将那些"治狱吏不直者"谪徙到"南越地"，与越人共处杂居，从事农垦生产，开发岭南地区。此外，还应南越王赵佗的请求，征派了1.5万名"无夫家者"女子到岭南地区"为士卒衣补"。这样大规模而又一批接一批地向岭南地区移民，都是在灵渠开通后才实施的。

灵渠位于广西兴安县城附近，这里层峦叠嶂，正是湘江上游和漓江上游分水岭的所在地。分水岭以东，地势南高北低，自南向北逐渐倾斜，发源于广西灵川县境海洋坪的海洋河；自南向北流到这里称为湘江，并继续向北流经湖南省注入长江。分水岭以西，地势北高南低，自北向南逐渐倾斜。发源于兴安县附近的漓江上游支流灵河，自东北向西南流，与大溶江汇合后称为漓江，再向南流而流入西江。两条江背向而流，但在上游分水岭处却相距不远，因此如在分水岭处开凿一条越岭运河，使海洋河的部分水量流入灵河，就可以沟通湘、漓两江。这就是灵渠的设计思路所在。

海洋河有一小支流（双女井渠）与灵河的一个水源（始安水）相距仅1500米，中间所隔的分水岭为一座小土岭，当地人叫它为太史庙山。山的相对高度仅20—30米，两侧的山势也较平缓，特别是双女井渠与始安水之间的水位差仅6米，这就构成了在这里开凿越岭运河、引湘入漓极为有利的地形条件和水文条件。这里也是自古以来往来于湖南、广西间的交通孔道，被称为湘桂走廊。2200多年前开凿的灵渠运河，就是坐落在这个最佳的地理位置上，充分反映了灵渠的规划设计者在当时的选址是非常科学的。

灵渠的工程设施包括南渠和北渠、大小天平、铧嘴、陡门、大小泄水天平、秦堤等。

建成于2200多年前的灵渠，是我们祖先创造的不朽奇迹，它具有多项当时世界一流的科技成就。这些成就，足以使所有的炎黄子孙都感到无比自豪和骄傲。

■ 故事感悟

灵渠是我国古代运河工程的伟大创举，它使湘江和漓江相连接，从而沟通了长江与珠江两大水系。从那时起，中原与岭南之间可以从水路直接相通，促进了两地之间的经济文化交流。

■ 史海撷英

龙川令赵佗

秦末天下大乱，原秦朝南海郡龙川令赵佗乘机兼并桂林、象郡，并自称南越武王。汉高帝初定天下后，考虑到中国饱受战乱之苦，因此不仅没有诛杀叛变称王的赵佗，而且派遣陆贾作为特使前往岭南，"立佗为南越王"，以示笼络，要他"和集百越，毋为南边患害"。

汉高帝死后，吕后专权，禁止将铁器输入南越。赵佗误以为是长沙王出的主意，于是自称南越武帝，并发兵进攻长沙边邑。汉文帝继位后，为安定南方边境，再派遣陆贾前往岭南，劝说赵佗撤销帝制僭号。赵佗接受劝告，表示"愿长为藩臣，奉贡职"。

上述陆贾先后两次前往岭南，都是取道水路，具体的路线是溯湘江、过灵渠，再沿着漓江、西江顺流而下抵达番禺。由于当时有着灵渠这样的水运交通条件，使陆贾能够及时完成劝说赵佗归顺称臣的政治任务，维护了国家的统一。

灵渠的主要工程设施

灵渠，初名秦凿渠、零渠，唐代以后始有灵渠的称呼，近、现代则称为兴安运河或湘桂运河。位于今广西壮族自治区东北部兴安县境内湘江和漓江源头的崇山峻岭间，是秦始皇统一中国后在开发岭南时开凿的。这是中国也是世界上最有名的古老运河之一，距今已有2200多年的历史。

汉武帝修建漕渠

汉武帝（公元前156—前87），名刘彻。汉朝第七位皇帝。中国古代伟大的政治家、战略家。汉武帝是汉景帝刘启的第十个儿子，其母是皇后王娡。4岁时被册立为胶东王，7岁时被册立为太子，16岁登基，在位54年（公元前141—前87）年，建立了西汉王朝最辉煌的功业。

秦末汉初，由于关东地区向关中京师进行漕运的数量较少，受渭水和黄河运道条件限制的矛盾并不突出，尚未引起人们的重视。到了汉武帝时，漕运数量激增，不仅需要多运，且需要快运。而当时由关东各地开往关中长安的漕运船队在弯弯曲曲的渭水中航行，加上又是逆水行舟，既费时又费力，运输费用也大。

大司农（西汉时为九卿之一，掌管土地、粮食、财税事务的大官）郑当时对这种状况十分了解，他于元光六年（公元前129年）上书汉武帝，建议在渭水南岸开凿一条走向与渭水基本平行的人工漕渠（运河），以取代渭水的运输功能。

《史记·河渠书》记其事云："异时关东漕粟从渭中上，度六月而罢，而渭水道九百余里，时有难处。引渭穿渠，起长安，并南山下，至

河三百余里,径,易漕,度可令三月罢。而渠下民田万余顷,又可得以溉田。此损漕省卒,而益肥关中之地,得谷。"接着又云:"天子以为然,令齐人水工徐伯表,悉发卒数万人穿漕渠,三岁而通。通以漕,大便利。"

这段记载的意思是说,往常从关东运粮至关中的漕船都是在渭水中逆流而行的,航行时间大约需要6个月,运粮的渭水水路全程900多里,途中不时遇到难以行船的地方。若从长安向东开凿一条人工运河直达黄河,走向大致沿着秦岭,引水进入漕渠,这条漕渠因为是条直路,容易行船,全程才300多里,估计路程只要3个月的时间就可到达长安,而且沿漕渠两岸的1万多顷农田也可以得到灌溉。这样,既可减少朝廷投入漕运的人力和财力,又能使关中的农田增加产量,多打粮食。

汉武帝认为郑当时提出的建议既合理又及时,当即采纳。于是下令聘用水利专家徐伯负责规划设计,动员数万名士卒参加施工,历三年而竣工。所开通的漕渠,用以漕运十分安全、便利,大大改善了京师长安与关中地区的交通条件。班固在《西都赋》中描述道:"东郊则有通漕大沟,溃渭洞河,泛舟山东,控引淮湖,与海通波。"其中所说的通漕大沟,就是指关中漕渠。

关中漕渠起自长安城西北30里今鱼王村附近的渭水,沿渭水南侧向东延伸,经霸陵(今西安市东北)、新丰(今临潼县东北)、郑县(今华县)、沈阳(今华县东北)、武城(今华县东),止于今华阴市东北的渭水,全长300余里。全线位于秦岭以北、渭水以南的关中平原,地势平坦,坡度微小,从渠首至渠尾的比降仅为万分之三。由于漕渠渠首的水源引自渭水,沿途又陆续接纳了滻水、沪水、灞水、戏水等多条自然河流的水源,因此漕渠水量丰富,水流缓慢顺畅,船只航行安全、便利。

与渭水相比,关中漕渠在交通运输的功能不可同日而语,成为当时沟通关中京畿地区与关东地区的一条水运要道。利用这条漕渠运粮比利用渭水运粮，可从原来的900里水路缩短三分之二的路程，而且可以顺利地航行装载500—700石粮食的大船，大大提高了漕运的工作效率，使每年运到京师长安的粮食由漕渠开通前的100多万石增加到400万石。至武帝元封年间，更增加到"岁六百万石，一岁之中，太仓、甘泉仓满"。

漕运量的不断递增，显然是因为漕渠的开通和启用。因此，漕渠对于满足当时关中地区和京师长安的大量粮食、物资的要求，以及促进关中地区与黄河中下游地区的经济发展和文化交流，起到了不可估量的作用。

■故事感悟

漕渠在开凿过程中，已经采用了符合现代工程建设的程序和方法。而水工徐伯在当时有限的条件下，能够采取科学方法出色地完成关中漕渠工程的勘测设计任务，令人敬佩。

■史海撷英

西汉时的水利开发

西汉是我国历史上一个统一、强盛、国际影响较大的朝代，也是我国古代文明灿烂亮丽、大放光彩的重要时代。仅就有关运河工程和水运交通方面而言，西汉在前朝所取得的成就基础上，又有新的开拓和发展。例如，在汉武帝时，曾动用数万人工，对位于秦岭南北坡的褒、斜二水进行了艰巨卓绝的运道开发；在汉成帝时，又对黄河三门峡天险采取了史无前例的工程改造措施。虽然这两次宏大的工程行动因受时代条件所限，即生产力水平的限制，最终未能取得成功，但是西汉劳动人民那种勇于改造自然界和敢于碰硬的大无畏精神，为后世人们所敬仰，并激励着后世人们继续不

断地与自然界进行顽强的斗争。汉武帝时，还在关中地区开通了一条长约300多里的漕渠，以代替弯曲多拐、水浅多沙的渭水。从关东各地运往京师长安的粮食、物资等，都是通过这条漕渠来完成的，不仅使用价值巨大，而且存在时间也长，是我国历史上一条重要的运河。

■文苑拾萃

水利工程的"表"与"穿"

"令齐人水工徐伯表，悉发卒数万人穿漕渠"记载中的"表"和"穿"两字，具有丰富的科技内涵。所谓"表"，就是选路线、立标记、定高低等技术工作，也就是现代工程建设的勘测设计；所谓"穿"，就是现代工程建设的挖土施工。这种先设计、后施工的做法，说明我国早在两千多年前的汉代，在开凿运河工程中，已经采用符合现代工程建设的程序和方法了。而水工徐伯，在当时条件的局限下，能够采用科学方法出色地完成关中漕渠工程的勘测设计任务，证明他具有十分高超的工程技术水平。这些成就，在中国运河工程史上都占有重要的地位。

曹操兴修白沟

曹操（155—220），字孟德。沛国谯（今安徽亳州）人。东汉末年著名的军事家、政治家和诗人，三国时代魏国的奠基人和主要缔造者，后为魏王。其子曹丕称帝后，追尊他为魏武帝。曹操一生征战，为全国尽快统一，在北方广泛屯田，兴修水利，对当时的农业生产恢复有一定作用；其次，他用人唯才，打破了世族门第观念，抑制豪强，所统治的地区社会经济得到了恢复和发展。此外，他还精于兵法，著《孙子略解》《兵书接要》《孟德新书》等书。作为一代枭雄，曹操精通音律，善作诗歌，抒发政治抱负，并反映汉末人民苦难生活，慷慨悲凉。

自官渡一战之后，袁绍被曹操打得大败而逃回他的老巢邺城。虽然元气大伤，但他的3个儿子袁谭、袁熙、袁尚和外甥高干等都握有相当兵力并控制着相当大的地盘。

不久，袁绍因兵败积郁成疾，于建安七年五月病死。同在邺城的小儿子袁尚，假造遗嘱擅自嗣位，并统率其父军队。时任青州刺史的长子袁谭对此不服，认为父亲死后应该由他嗣位并接管兵权，于是盛怒之下发兵攻打袁尚，结果被袁尚打败，袁谭逃往平原（今山东平原县南）。

袁尚不念手足之情，率领军队穷追不舍，前往围攻平原。一直在观察形势和等待时机的曹操，决定利用袁氏兄弟互相残杀和袁尚带兵远离邺城的好机会，挥师直捣袁氏集团的老巢邺城（今河北临漳县邺镇）。

建安九年（204年）正月，曹操亲率大军渡过黄河。为了运输军粮的需要，曹操下令"遏淇水入白沟，以通粮道"，在黄河以北修建一条运河。

淇水，即今河南境内的淇河。当时它是黄河北岸的一条支流，发源于豫晋交界的太行山，向东流至今河南淇县境内后，转向南流，在卫贤镇东注入黄河。《水经注·淇水》引《地理志》说："淇水出共山，东至黎阳入河。"白沟，又称宿胥渎，是黄河南迁后留下的故道，南起宿胥口，向东北方向延伸，至今河北威县境内。因缺乏水源，白沟内水量不足，不能航行船只。为了解决白沟的水源问题，曹操采取了"遏淇入白沟"这一改造大自然的工程措施。

建安九年（204年）二月，曹操率领10万大军围攻邺城。由于守城的袁军谋士审配防御严密，曹军久攻不下。直到八月，曹军乘漳水山洪暴发之机，决漳水灌城才攻破邺城。曹操以10万之众，围城作战达半年之久。如果当时没有刚开通的白沟为其漕运军粮和物资，源源不断予以接济，这次攻邺战役是根本不可能取得胜利的，这充分说明了白沟运河确实发挥了重要作用。

当然曹操开通白沟运河的目的，并不仅仅为了进攻邺城的军事需要，也是为了战后治理河北地区的政治需要。因为在袁氏集团长期统治下的幽、冀等州，田园荒芜，民生凋敝，所需粮食难以就地取给。而曹操是一个相当重视国计民生的人，他曾说："夫定国之术，在于强兵足食。秦人以急农兼天下，汉武以屯田定西域，此先代之良式也。"于是曹操在消灭袁氏集团、夺取河北地区后，下令减征田租岁赋，以收揽民心。在这个非常时期，正是依靠白沟的运输条件，才能将积屯于淮、颍等处的粮食运到河北地区，以满足当地民众的生活需要。

白沟运河是以清水和淇水为上源的。它南起淇口，沿着黄河故道朝东北方向延伸，在今河南内黄县北，有洹水（今称安阳河）注入，使白沟水量有所增加，这对当年曹操利用白沟运河运输军粮到邺城一带非常有利。后来，曹操又在今河北馆陶县附近开凿了一条新的运河——利漕渠，使漳水与白沟运河相通，引漳水入白沟运河。漳水是一条较大的自然河流，水量远比淇水和洹水要大，因此这时的白沟运河水量大增，大大有利于漕运。

随着清水、淇水、洹水和漳水相继注入白沟运河，白沟运河也成为当时河北南部的一条主要水道。同时，白沟运河自利漕渠以下的水道，通常也被称为清河、淇河或漳河，这就是《水经注·淇水》所说"自下（指利漕渠以下），清、漳、白沟、淇河，咸得通称也"的含义。

白沟运河的上、中游流向，是由西南向东北，其故道大致为今天的卫河。白沟运河的下游，在今河北沧州附近分为两支，一支继续向东北流，在今黄骅市境内入海，其故道大致在今捷地减河一带；另一支向北流，名曰涉水，《水经注·漳水》对此有记载。涉水流至河北青县境内注入滹沱河，其会合口称为涉口，与后来曹操开通的平虏渠相接，其故道大致为今天的南运河中的一段。由于白沟运河南通黄河，北达滹沱河，因此自它开通以后，很快就成为中原地区通向河北地区的水运要道。

■故事感悟

曹操是一位胸有大志的政治家、军事家，他开白沟的主要目的不仅是用在军事上，也用在发展农业生产上。事实证明，开通白沟是十分有远见

的举动，为他一统中原提供了便利交通。从另一个意义上讲，白沟的开通也给中原地区的经济发展带来了极大的便利，促进了社会的发展。

■史海撷英

乌桓

乌桓，亦称乌丸，是我国古代北方属于东胡部落的少数民族。公元前3世纪末，东胡为匈奴所灭，余众逃往乌桓山，遂以山名为族名。世居今内蒙古辽河上游西拉木伦河和老哈河流域一带，随水草放牧，居无常处，以穹庐为室，善骑射，亦狩猎。东汉初，经汉朝廷特许，一部分乌桓人内迁至今辽西、冀北一带居住，从事畜牧业、农业和手工业。

■文苑拾萃

邺城

在白沟和利漕渠开通以前，邺城虽然为冀州的治所，也不失为土地肥沃、农业发达地区，但它地处太行山麓、黄淮源平原的边缘，对外交通方面除了陆路畅通外，水路交通并不方便。而大量的农产品交流和物资运输则主要依靠水运来完成，因为水运的运量大、成本低。自白沟和利漕渠相继开通后，邺城的水运条件大为改善，黄河流域发达的农业和手工业技术以及先进的文化和知识，也随着交通的畅达而源源不断地传入邺城一带，各方人口和货物均大量汇集于此，使邺城成为三国时代以及两晋南北朝时代长达二三百年内中原地区最为繁荣、富庶的都市之一。

隋炀帝开通大运河

隋炀帝杨广（569—618），隋朝的第二任皇帝。隋文帝杨坚次子，母文献独孤皇后。开皇二十年（600年）十一月，杨广被立为太子，仁寿四年（604年）七月继位。

　　隋朝一统天下后，虽然政治中心仍在北方，但对于南方经济日益发展的形势并非视而不见，而是把它放到有利于巩固政权和维护社会安定的战略位置上来考虑。在当时的形势下，开凿一条南北大运河，直接沟通南方与北方，使南北之间的经济便于交流、融通与平衡，是当时可以做到的最佳选择。特别是到了隋炀帝执政后，他处心积虑地要对邻国高丽发动战争。为了得到南方粮食和财政方面的及时支援，开凿南北大运河，加强南北方之间的交通联系，成为当时的一项紧迫任务。

　　开凿南北大运河是一项浩大的工程，如果只是客观形势的需要，而主观方面不具备开凿条件的话，那也是无法进行和完成的。正如马克思所指出的："人类始终只能提出自己能解决的任务，因为只要仔细考察就能发现，任务本身只能在解决它的物质条件已经存在或至少是在形成过程中的时候，才会产生。"这里所说"物质条件"，是指人力、物力和

科学技术水平而言。那么，隋朝在开凿南北大运河前所具备的人力、物力（包括财力）和科学技术水平状况又是如何呢？

首先，人力状况。隋朝开凿的南北大运河，其总长度达2700多公里。虽说不是全部由平地挖成，而是利用了部分自然河道和过去已有的运河，但还是需要进行大量补缺、连缀等开挖工程，并对原有的运河进行拓宽、加深和疏浚整治。这项工程量极为浩繁，没有足够的劳动力投入是根本无法完成的。根据《通典》记载，隋炀帝大业二年（606年）曾进行过全国人口统计，有户890.7536万，人口为4601.9956万，所拥有的人口数量与前代相比是比较多的。如果每三户调一个劳动力，则有290万个劳动力可供调配使用，这为开凿南北大运河提供了必要的人力条件。而实际上，隋朝为开凿运河投入的劳动力，据《隋书·炀帝纪》和《资治通鉴·隋纪》等史书记载：开凿通济渠发民工百余万；开凿山阳渎发民工十余万；开凿永济渠发民工百余万；开凿江南河民工数无记载，算它100万。共约300余万劳动力，与三户抽一人的数字大致相当。因此就劳动力方面而言，隋朝开凿南北大运河是具备这一条件的。

其次，物力（或财力）状况。隋朝建立后，实行均田制和轻徭薄赋的政策，大大调动了老百姓发展农业、手工业等生产的积极性。加上当时全国统一，社会安定，统治阶级生活又很俭朴，因此社会财富积累很快。经过20年的不懈努力，到开皇年间后期，社会呈现一派繁荣昌盛的景象。朝廷"帑藏充实""府库盈溢"，甚至是"天下私储可供五十年"消费。由于当时国家的经济实力十分雄厚，因此就物力、财力方面而言，隋朝开凿南北大运河是具备条件的。

再次，科学技术水平状况。由于南北大运河长达2700多公里，地跨东、南、西、北，所经之处地理环境复杂，仅地形高差方面，就存在着40多米的差异。这就牵涉到运河沿线如何利用水源、全线如何保持必要水位等问题，给设计和施工带来许多技术上的难题。但是，我国自春秋至隋朝已有1000多年开凿运河的历史，其中许多宝贵经验可以汲取和借鉴。如早在西汉开凿关中漕渠时，就已开始采用规划、设计、施工三者分工的做法，为后世开凿运河提供了科学方法的经验。

随着钢铁冶炼技术的不断进步，继汉朝发明炒钢技术和水淬技术后，在南北朝时又进一步发明生、熟铁合成钢（即灌钢）技术和用牲畜尿液作淬火冷却剂以提高钢韧度的技术。因此到隋朝时，开凿运河所需各钢质、铁质手工工具都能制造，并在质量、种类等方面都比前代优越和齐全。

随着数学、力学和地理学等科学技术的发展，到隋朝时，人们已能运用开立方的方法推演出三次方程式解法，以解决修筑堤台、河道等复杂的工程计算问题。李春修建赵州桥时，为减低桥面高度，首创拱结构形式，在工程力学上取得了突破；在测量方面，采用木鹅下挂铁链以确定河床高低的技术措施。开皇四年，在开凿关中广通渠前，"令工匠（即技术专家）巡历渠道，观地理之宜，审终久之义"，以掌握现场的地形、水文情况，作为规划、设计的依据等。因此，就科学技术水平而言，隋朝开凿南北大运河也是不成问题的。

总之，隋朝在人力、物力（包括财力）和科学技术水平等方面，都已具备了开凿南北大运河的条件。后来，在隋炀帝大业年间，工程浩大的南北大运河仅用了7年时间就胜利完成，也充分证明了这一点。

南北大运河是以洛阳为中心，由通济渠、山阳渠、江南运河组成南线；以永济渠为北线，分别向黄河南北作扇形伸展。那么，南北大运河为何要以洛阳为中心？原来，隋炀帝即位伊始，就到洛阳巡视，并打算迁都洛阳。洛阳原是东汉、魏、晋和北魏的都城，一向为中原地区的政治、经济和文化中心。只因自北魏后期分裂为东魏与西魏后，东魏为了

在邺城营建都城，拆走了洛阳古都和皇宫的建筑设施，加上东、西魏之间和后来的北齐、北周之间，战争频仍，而洛阳成为逐鹿中原的战场被破坏得残破不堪。因为洛阳的地理位置比位于关中地区的大兴城要适中，迁都于此便于控制全国。特别是南北各地向京师运送粮食、物资时，不必经过黄河三门峡之险。

迁都原因在当时隋炀帝所下的诏书中说得很清楚：关中的大兴城存在着"关河重阻，无由自达""关河悬远，兵不赴急"等劣势缺点，而洛阳具有"自古之都，王畿之内……控以王河，固以四塞，水陆皆通贡赋"等优势条件。因此，隋炀帝决定重建洛阳，并迁都于此。

■故事感悟

隋炀帝开运河之事，自古以来家喻户晓，史书对此也有不少记载评论。但对这一事件的评价，学术界历来是各抒己见。由于见仁见智，迄今尚未取得一致意见。但大运河这一浩大工程的完成，不得不令我们赞叹！

■史海撷英

中国运河史上的"飞跃"

隋朝的国祚（王朝维持的时间）虽然只有短短的38年，但它使国家长期分裂的局面结束，实现了全国统一，并使各项典章制度得以建立和健全，社会经济空前发展，为后来唐朝的国势强大和繁荣昌盛奠定了基础。这一历史功绩是永垂史册的。此外，隋朝留给后世的宝贵遗产还有南北大运河。在隋朝以前，我国境内的运河都属地方性的，不仅里程短、工程质量差，所起的交通运输作用也不大。自隋朝起，出现了贯通南北的全国性大运河。虽然全国性运河是在原有的地方性运河基础上形成的，但不管从何角度来看，隋朝完成的南北大运河在中国运河史上都是一次"飞跃"，为后世出现的运河大发展吹响了前奏曲。

■文苑拾萃

马钧与翻车

据《三国志·魏书》记载："扶风人马钧，巧思绝世……成京都，城内有坡，可为圃，患无水以灌之，用作翻车。令童儿转之，而灌水自覆，更入更出，其巧百倍于常。"翻车又称龙骨车，由长木槽、木链、刮板、轮轴、木架等构成。使用时，用双脚不停地踩动轮轴，使之旋转，带动木链和刮板，不断地将水上提。它结构简单，使用轻便省力，可以大大提高灌溉或农田排水的效率。翻车的发明和推广使用，有力地促进了当时以及后世农业生产的发展，意义重大。

宋代治理的汴河

汴河在北宋时期的重要性，犹如动脉血管之于人体的地位。这一点不仅众多朝臣认识一致，就连当时的皇帝也不例外。这里有一个例子：宋朝开国不久，割据今江苏南部、浙江全境和福建北部的吴越王钱俶就向北宋朝廷称臣进贡。有一次，钱俶向宋太祖进献一条玉犀带，太祖说："朕有三条宝带，与此带不同。"钱俶颇为惊讶。太祖笑着对钱俶说："汴河一条，惠民河一条，五丈河一条。"宋太祖赵匡胤将汴河等三条流经京城的运河比作三条宝带，足证其具有政治家的远见卓识。

淳化二年（991年）六月，汴河在京师附近的浚仪县（今河南开封市）

决口，宋太宗亲自乘步辇出乾元门，前往决口现场督修。车驾陷于泥淖中，群臣纷纷谏阻，但太宗说："东京养兵数十万，居民百万家，天下转漕仰在此一渠水，朕安得不顾？"以上充分说明北宋时君臣对于汴河的重要地位都有着明确的认识。

汴河对于北宋朝廷之所以如此重要，主要是北宋朝廷的一切国用开支和居住在京城的官府、军队、百姓的衣食生活消费，全赖汴河从东南地区的输入。

汴河的漕运量，约占宋都大梁年漕运总量的百分之八十，并且所漕运的粮食、物资等均输入太仓，作为国家的物资储备。而其他河道的漕运只作为补充或用于京畿一带的地方消费，不输入太仓。

汴河的水源主要来自黄河，黄河是条"一石水而六斗泥"的河流，以它为水源，也就是为自己找麻烦。早在唐朝时，汴河的泥沙淤积现象已相当严重，只是能够坚持每年进行一次疏浚，所以才没有继续恶化下去，使汴河保持着航运畅通的状态。安史之乱爆发后，由于每年疏浚汴河的工作中断，结果汴河呈现着"泽灭水，岸石崩，役夫需于沙，津吏旋于汀"的破败现象。战后，刘晏奉命恢复漕运工作，他做的第一件事就是发动沿河群众，对汴河全线进行了一次全面的治理和疏浚。这为汴河在此以后的20年间，每年完成110万石粮食的漕运量奠定了基础。

到了唐末和五代前期时，又因战乱不休，无人管理，汴河下游蛹桥（今安徽宿州市）一带泛滥而成"污泽"，完全失去了河道形状。幸经后周世宗显德年间的多次治理疏浚，汴河才得以恢复航运畅通的局面。但是，到了宋真宗大中祥符八年（1015年），朝廷为了节省疏浚劳役费用，决定"自今汴河淤淀，可三、五年一浚"后，不仅疏浚次数大为减少，而且疏浚制度日益松弛，甚至发展到后来竟有20年未加疏浚的不正常状况，以致汴河的河床因泥沙淤积而日益抬高。至真宗末年即天禧年

间，河面终于高出地面，汴河成为地上河，不得不依靠着两岸的堤防以维持其存在。

为此，朝廷上下想尽一切办法，采取各种措施治理和解决汴河的泥沙问题，以使汴河保持着畅通，可以进行漕运。当时所采取的防泥沙、保畅通的措施有如下一些：

1.人工直接挖除河中泥沙。前面提到的每年疏浚汴河一次，或三、五年一次，其疏浚方法多为人工清挖。据宋人王巩《闻见近录》记载："汴河旧底有石板石人，以记其地里，每岁兴夫开导至石板石人以为则，岁有常役，民未尝病之，而水行地中。"这条记载说明：北宋前期，朝廷配备着专门的役夫疏浚汴河，在进行一般的常规疏浚时，并不动员老百姓参加，所以"民未尝病之"。同时，对疏浚河中泥沙有一定的标准，即挖至看到石板石人为止。神宗熙宁八年（1075年），王安石复相后，在都水监丞侯叔献主持下，对汴河进行了一次大规模的疏浚工作。"自南京（今河南商丘市）至泗州，一概疏深三尺至五尺"，即是人工清挖的一次实例。

2.加高加固汴堤。汴河两岸有堤防，始于隋炀帝凿成通济渠之日。当时筑堤的目的，一是为了防止汛期洪水泛滥；二是为了在河堤上修筑御道，以供隋炀帝乘着龙舟巡游时，随行的护卫人员夹河而行。唐朝时，通济渠改称汴渠，堤防的功用也只是为了防洪。到了北宋时，汴堤功用除了防洪外，还常用以约束河水，即以堤防代替河岸。由于汴河水源来自黄河，黄河水多沙善淤，早在唐朝时就对汴渠的畅通构成威胁，但是在北宋以前，"诸陂泽沟渠之清水皆入于汴，即沙行而不积，自（北宋）建都以来，漕运不可一日不通，专恃河水灌汴，诸水不得复入汴，此所以积沙渐高也"。因此，北宋时的汴河，泥沙淤积速度比唐朝时明显加快，致使汴河底部不断抬高，终于形成了地上河。北宋朝廷虽然竭尽全力、想方设法减慢汴河泥沙淤积的速度，但是收效甚微。面对汴河的河底日益抬高现象，不得不在汴河两岸不断加高加固河堤。这是一种十分消极、被动的办法，但在当时也不失为一种简单、有效的措施。可见，北宋对于汴堤的修筑可谓是不遗余力。

如今，在商丘市以西的汴河遗迹已经难以寻觅；在商丘市以东至泗县一段的汴河遗迹，则已成为坦荡的公路。当人们乘车行驶在这条公路上时，一种历史沧桑的感慨不禁会在心头油然而生。

■故事感悟

所谓汴河，即隋朝的通济渠，唐朝的汴渠。在运河建设方面，北宋虽然没有开凿过较大的运河，但为了确保漕运的畅通，继唐朝之后充分利用了现成的南北大运河，并对大部分河段进行了一系列的整治和改造。其中对汴河的整治与改造用力颇多，值得称道。

■史海撷英

"国家根本，仰仗东南"

宋朝建立后，为吸取唐朝因地方藩镇权重势大，朝廷难以控制，最后造成亡国的深刻教训，制定了重内轻外的基本国策，即加强中央集权。将各地方的军、政、财、法等权力全都集中到中央，在中央设置了庞大的官僚机构和驻扎了数十万军队。同时，将国都设置在无险可守、但地理位置接近东南富饶地区的开封。为了保障都城庞大的官僚和军队的消费需要，宋朝一开始就确定了"国家根本，仰仗东南"的财政方针，即国家的财赋收入，主要依赖东南地区对京师的漕运。

第二篇
友好外交　沟通世界

汉公主嫁单于首倡和亲

刘敬（生卒年不详），齐人，原姓娄。西汉高祖刘邦的重要谋士、外交家。公元前202年，娄敬建议移都长安，刘邦从之，赐姓刘，官拜郎中，后因功封关内侯。刘敬曾作为汉朝使者访问匈奴，观察到匈奴欲设伏诱汉军进击，建议刘邦不要贸然出击。后又帮助刘邦设计了对付匈奴的和亲策，缓和了汉朝与匈奴的关系。

当刘邦亲率30多万大军越过句注山（今山西代县西北），准备进击匈奴时，刘敬却在这关键时刻给刘邦泼了一盆冷水，令已经弯弓待发的刘邦十分恼怒，大骂刘敬："齐虏！以口舌得官，今乃妄言沮吾军！"（你这个齐国佬！以三寸不烂之舌侥幸当了官，今天竟敢口出狂言阻碍我军前进！）因当时军情紧急，刘邦未来得及处置刘敬，只把他囚禁于广武（今山西代县西南），于是又率军继续前往平城（今山西大同），与匈奴军决战。

不出刘敬所料，汉军果真中了敌人的埋伏，汉高祖本人和先头部队被围困于白登（平城东南十余里）。据《汉书》记载："会冬大寒雨雪，卒之堕指者十二三……三十万众困于平城，士或七日不食。"

　　危机之下，汉朝方面急忙派人给匈奴阏氏送去大量珍贵礼物，希望她说服单于不要攻打白登。阏氏不愿得罪汉朝，同时汉朝叛将韩信原来答应与匈奴一起行动的部队迟迟未到，这些因素导致匈奴决定和平解决问题，让被围困的刘邦等离开了白登。这样，刘邦才狼狈地逃出重围。

　　刘邦是位知错能改的君主。他回到广武，意识到自己的错误后，马上赦免了刘敬。

　　刘敬向汉高祖分析了汉匈双方的实力对比，认为不能用武力解决问题，而应从长计议，并提出了历史上著名的和亲政策。

　　和亲政策的核心是：将汉公主嫁给匈奴单于为阏氏，再赠送丰厚财物，配合礼仪感化，即以血缘的、物质的、文化的联系与影响，化敌为友，进一步使之渐为外臣属国。汉高祖接受了这一主张，于是"使敬往结和亲约"。此事发生在白登之围的第二年，即汉高祖八年（公前199年）。这一政策不仅成为汉代，而且也成为后世封建王朝的一项重要外交策略。和亲策的实施，无疑对汉匈边界上的安定、西汉初期政权的巩固、生产力的发展、"文景之治"的国家繁荣，提供了外部的有力保证。

□故事感悟

　　"和亲"在国与国的外交中，是一种低调的外交手段，但起码在外交上还算主动。汉高祖刘邦能听从刘敬的建议，在敌强我弱的情势下，不得不采取笼络对方的外交策略，为历代所借鉴。

不击策

西汉初期，鉴于汉朝和匈奴双方实力对比，于汉不利，刘敬推动汉高祖刘邦对匈奴实行和亲政策。和亲策不仅对汉朝初年的巩固发展起到了良好作用，而且对后世封建王朝都产生过影响。不击策，也就是回避将要发生的战事，不进行打击。刘敬所献不击策是其和亲策的前奏曲，是为汉朝策划对匈奴长期政策的一次小小尝试，这也显示了他敢于直言和深谋远虑的深稳风格。

汉代名将卫青

公元前124年春，汉武帝出兵十余万人，向匈奴右贤王发起大反击。卫青率3万骑兵出高阙，利用右贤王傲慢轻敌、麻痹大意的弱点，命令部队马不停蹄，兵不卸甲，长途急行军六七百里，连夜突然包围了右贤王的王庭。右贤王从梦中惊起，带着一名爱妾和几百名骑兵向北落荒而逃。这次战斗共俘匈奴裨王50多人，部众1500余人，夺得牲畜数十万头，大胜而归。汉武帝为了表彰卫青的功劳，特派使者持大将军印，拜卫青为大将军，让他统率所有讨伐匈奴的部队。

长期的征战，使卫青成为一名杰出的军事将领。他治军有方，严肃军纪，赏罚严明，不论行赏还是惩处，都不分亲疏。他打败右贤王后上报皇帝请赏的名单中，有他的挚友、亲戚，也有一般的将士。公元前129年，公孙敖率万骑出征，因指挥不当，损失7000骑，卫青并没有因为公孙敖是自己多年的朋友，并且在危急时营救过自己而私废军法，仍然给公孙敖以处分。

卫青在战争中善于从实际出发，随机应变，正确分析判断敌情，灵活

运用骑兵战术。在指挥骑兵作战的过程中，他特别注意抓住骑兵行动迅速的特点，运用"出其不意，攻其不备"的奇袭战术歼灭敌人主力。像他利用匈奴右贤王麻痹轻敌的弱点，以迅雷不及掩耳之势，一举歼灭了右贤王的主力，就是一次骑兵奇袭成功的典型战例。同时，卫青还很注意后勤供应和了解地理情况，及时解决部队在沙漠作战中的水草和向导等问题，并取得了一次次的胜利。

　　卫青在打击匈奴入侵、巩固汉王朝统治上，起到了重大作用，他的英勇事迹也为后人所传颂。

冯嫽巾帼不让须眉

　　冯嫽（公前120—前40），西汉著名女政治家、外交家。在汉宣帝甘露元年（公前53年）开展的西域外交工作中作出了突出贡献，成为我国古代寥寥可数的著名女外交家之一。其人其事为后世留下千古佳话。

　　冯嫽原为西汉楚王刘戊孙女刘解忧的侍女。汉武帝太初年间，刘解忧以汉公主身份嫁乌孙昆弥（乌孙肥王号）。冯嫽随公主和亲来到乌孙，不久嫁乌孙右大将军为妻。冯嫽"能史书，习（胡）事，尝持汉节为公主使，行赏赐于城郭诸国，敬信之，号曰冯夫人"。

　　乌孙部族约于公元前139年至前129年由祁连、敦煌一带迁移至今伊犁河和伊塞克湖一带，以后逐渐融合于今哈萨克等民族。

　　乌孙是汉朝在西域的重要盟友。元封年间，汉武帝曾遣江都王刘建之女刘细君以公主名分，嫁乌孙王。"公主至其国，自治宫室居，岁时一再与昆莫（乌孙王号）会，置酒饮食，以币帛赐王左右贵人。昆莫年老，语言不通，公主悲愁，自作歌曰：'吾家嫁我兮天一方，远托异国兮乌孙王。穹庐为室兮旃为墙，以肉为食兮酪为浆。居常土思兮心内伤，愿为黄鹄兮归故乡。'天下闻而怜之。"最后细君公主郁郁而终。尽

管如此，汉朝为了国家利益，为了联合乌孙打击匈奴人，在细君公主死后，又把解忧公主嫁往乌孙。

汉宣帝甘露元年（公元前53年），乌孙肥王翁归靡与娶自匈奴的妻子所生的儿子乌就屠自立为昆弥，而肥王与解忧公主所生之长子元归靡却不得立。当此汉匈激烈争夺对乌孙控制权之际，汉朝廷欲发兵征讨。

情况十分紧急，汉宣帝亲自做工作，"征冯夫人，自问状"。然后，派冯嫽出使乌孙，解决那里的王位之争，把解忧公主所生儿子扶上王位。冯夫人与乌孙上层关系密切，其夫乌孙右大将军与自立为昆弥的乌就屠关系很好，再加上冯夫人本人在西域城郭诸国之间享有崇高威望。宣帝相信她定能不辱使命，不负汉朝所望。

冯夫人接受诏书之后，"锦车持节"，前往乌孙。这时，驻西域都护郑吉也向冯夫人献计，"使冯夫人说乌就屠，以汉兵方出，必见灭，不如降"。冯夫人把乌就屠召到乌孙都城赤谷城，晓以利害。"乌就屠恐，曰：'愿得小号'。"同时冯夫人还做乌孙上层工作，进行调停，终于达成有利于汉朝的协议，改立解忧公主之子元归靡为昆弥，乌就屠降为小昆弥。

冯夫人给二昆弥皆赐印绶，圆满解决了乌孙上层的王位之争，使汉朝在与匈奴争夺西域的斗争中赢得了重要的一个回合，对促进汉与西域的关系作出了特殊贡献。

■故事感悟

在古代，外交领域被认为是男人们驰骋的疆场，特别是在我国几千年封建社会里，实行男尊女卑的封建制度，女人更难触及外交事业。但汉朝的冯嫽却巾帼不让须眉，在开展对西域的外交工作中作出了突出的贡献，实为后人学习的榜样。

终军说服匈奴降汉

终军雄才大略、富有辩才，作为西汉名臣，他对维护国家统一、加强中央集权统治、密切汉朝同周边少数民族地方政权的关系，作出了积极的贡献。

有一次，朝廷需要遣使赴匈奴，终军上书自荐，说："我没有尺寸之功，却得以居高位食厚禄，现在边境有敌人来袭扰，我本应当披上盔甲，手执武器，亲自到前线作战。但我因为驽钝，不懂军事。听说朝廷要派遣使者到匈奴去，我愿意尽心竭力出使匈奴，把和、战利害关系告诉匈奴单于。但想到我年少才疏，没有担任过出使的重任，没有独当一面的重要经验，不禁满心愤懑，深感心有余而力不足。"

汉武帝看到终军的自荐书后，诏终军觐见，并详细询问他将如何说服单于罢军止战。终军侃侃而谈，对答如流，见识不凡。汉武帝大为高兴，于是擢升他为谏事大夫，命他为使者出使匈奴。终军机智善辩，豪气纵横，临强不畏，胜利地完成了出使匈奴的任务。

请缨报国

有一年，终军出使南越。终军对汉武帝说："请给我一根长缨，如果南越王不肯归顺，我就用长缨捆他来见您。"到了南越后，终军凭着赤心和辩才，说服了南越王，答应归汉。然而历相三朝的南越相国吕嘉拥兵自重，权势很大。他一向坚决反对南越臣服于汉。汉武帝元鼎五年（公元前112年），吕嘉唆使一些强硬分子起兵杀了南越王、王太后及汉朝使者，终军同时罹难。终军死时，年仅20余岁，时人称之为"终童"。

据《汉书·艺文志》记载，终军留有著述8篇。清人马国翰在《玉函山房辑佚书》中只辑有4篇，其他都已散失。他留下的著述虽不多，但他"请缨报国"的故事长留青史。

"请缨报国"的典故，在后人的诗词中多有引用。著名诗人王勃就在他的《滕王阁序》中写道："勃，三尺微命，一介书生，无路请缨，等终军之弱冠；有怀投笔，慕宗悫之长风。"表达了自己与终军年纪相仿，却无请缨报国机会的遗憾。

甘英延伸丝绸之路

甘英（生卒年不详），东汉外交使臣。和帝永元九年（97年），甘英由西域被派遣出使大秦国（罗马帝国），止于条支（今伊拉克境内）。

甘英的出使，与班超经营西域有着密切的联系。

西汉初年，西域被匈奴征服，不仅阻断了汉朝与西域的贸易往来，还经常骚扰汉朝边境。为了联络大月氏夹击匈奴，解除匈奴对西汉的威胁，张骞先后两次奉汉武帝之命出使西域。

公元前138年、前119年，张骞两次凿空（开通道路）西域的出使经历，使得汉朝对西域的地理、物产和西域各族人民的生活情况有了更加详尽的了解。

此后，汉朝同西域的往来十分频繁，官方使者互访络绎不绝。西域的葡萄、苜蓿、核桃、胡萝卜等传入中原，而汉朝的丝织品、铁器、铸造铁器和凿井技术也传入西域。双方密切了经济文化的交流，丰富了汉族人民和西域各族人民的生活。

中国同西亚和欧洲的通商关系经由"丝绸之路"开始繁盛。公元前60年，西汉还设置了西域都护，对这一区域进行军事、政治管理，保

护商旅往来。

西汉末年，王莽专政，中原与西域的关系一度中断。东汉初，西域分裂为50余国，与汉朝关系一度紧张。东汉明帝时，派将军窦固率军西征讨伐匈奴。为恢复与西域各国联系，窦固派班超率吏士36人出使西域。班超为东汉王朝在西域重建声威，鄯善、于阗、疏勒、姑墨、莎车、龟兹等西域诸国纷纷归附汉朝，连接西亚的丝绸之路得以畅通并再度兴盛起来。永元三年（91年），班超被任命为西域都护，恢复了汉朝西域都护的统治。

在西域活动的30年中，班超平定内乱，外御强敌，经营疏勒达15年之久，保证了丝绸之路的畅通。此时，匈奴分裂为南北两部，北匈奴在南匈奴和汉朝的联合打击下，西迁到黑海北岸。在经营西域过程中，班超深知加强与西域各国交流的重要性。为进一步加强与西方国家的联系和交流，汉和帝永元九年（97年），班超决定派遣副使甘英出使大秦（即罗马帝国的东部地区）。

97年，甘英使团浩浩荡荡地从龟兹（今新疆库车一带）出发，期间翻越了葱岭，日夜兼程西行，跋山涉水数千里，历经艰辛，经安息（今伊朗）、条支（今伊拉克、叙利亚境内）诸国，终于抵达波斯湾头的幼发拉底河和底格里斯河入海处，准备渡海西行。

甘英使团来到处在安息治下的条支海滨（今伊拉克境内）时，遇到了一群安息西界人。正打算上船经海路远航的甘英使团人生地不熟，于是向他们打探由海路到大秦的情况。安息人对海上航行的艰难大肆渲染，夸大其辞地说："前方海域广阔，往来者如果逢顺风，要3个月方能通过；若风向不理想，也有延迟至两年之久的。因此，入海者都不得不携带3年口粮。海中情境，令人思乡怀土。船行艰险，多有因海难而死亡者。"他们极力劝阻甘英使团的航海意图，让他们不要冒险渡海。

由于常年跋涉艰辛异常，本打算渡过红海直到埃及去的甘英使团于是知难而止，没有继续西行，自条支而还。这里，也成为汉代中国使者在丝绸之路上所到达的最西点。

关于安息人夸大阿拉伯海航行的艰险、阻止甘英进一步西行的用意，后来有人推测，安息人阻挠汉人西入大秦，是为了垄断丝绸贸易。安息国一向以汉丝及丝织品与罗马交易，不愿汉朝开辟直接通商的道路，于是向甘英备陈渡海的艰难，欺骗甘英。

甘英由此东归，向班超复命。由于他的保守，加上安息人的危言耸听，使团到了地中海东面的条支，却没有再进一步西进到达大秦，使中国与罗马帝国东西方两大文明的首次接触失之交臂，不能不说是一种遗憾。

虽然甘英没有完成出使大秦的使命，但他却尽心尽力地了解了沿途的地理风情，丰富了国人对中亚各国的知识，为以后中西交通的发展和经济文化的进一步交流奠定了良好的基础。166年，大秦安敦王朝的使臣来到东汉。这是欧洲同我国直接友好交往的开始，作为中西交往史上的一件大事被载入史册。

■故事感悟

甘英作为历史上记载的最早到过伊拉克的中国使臣，也是当时中国走得最远的使臣。虽然他没有到达目的地，但他亲自勘察了丝绸之路的大半段路程，还了解到绕阿拉伯半岛到罗马帝国的航线。甘英的出使也使他成为一位让人崇敬的英雄。

■史海撷英

甘英出使大秦的历史意义

甘英的出使是东方走进西方的一次伟大尝试，而西方向东方的迈进，

则要比甘英晚了半个世纪。150年，希腊地理学者马利努斯首次记载下了希腊的商人到过中国的事实。166年，大秦安敦王朝才第一次派使臣从海道来中国，并赠送了象牙等礼物给汉桓帝。这一史实记载于《后汉书》里，也是我国同欧洲国家往来的最早记载。此后的280年至289年间，大秦使节再次抵达中国。

■文苑拾萃

子继父业

在西域的班超年老思归，永元十二年（100年）上疏："臣不敢望到酒泉郡，但愿生入玉门关。"故遣其子班勇上书求归。永元十四年（102年），班超妹班昭也上书，言其兄通西域已30年，"今且七十，衰老被病，头发无黑，两手不仁，耳目不聪明，扶杖乃能行。虽欲竭尽其力，以报塞天恩，迫于岁暮，犬马齿索，力不从心"。请求和帝开恩，令其兄生还朝廷。帝准奏，征班超还。是年八月，班超回到洛阳，拜为射声校尉。九月，病故，终年71岁。班超一生真可谓"鞠躬尽瘁，死而后已"。

班超子班勇继承父亲事业，曾任东汉王朝驻西域长史，也多年在西域领兵作战，进一步巩固了东汉王朝对西域的统治。

最早出使东南亚的使者

朱应、康泰（生卒年均不详），三国时期吴国人。孙权当政期间，朱应官至宣化从事，康泰官至中郎将。二人曾奉交州刺史吕岱之命，扬帆出海，出使南海诸国，进行外交活动。这次航海远行，他们出访了东南亚各国，航经南海到达扶南（今柬埔寨）等国，"所经及传闻，则有百数十国"，并与这些国家建立了友好关系。

古代的"南海"与现代的南海在概念上有很大的差别。现代的南海，又称南中国海，包括从台湾海峡向南，一直到曾母暗沙附近的辽阔海域。它地处太平洋、印度洋之间的航道要冲，是中国通向东南亚、南亚、西亚、中东、非洲、欧洲以及南太平洋和大洋洲等地的海上必经之路。而古代的"南海"，根据元代以前的中国史籍，则是指南中国海以南通过海路所有可达到地方的统称。

朱应、康泰得以顺利出使南海，完全得益于海上"丝绸之路"的兴起与繁盛。

东汉时期，中国与南海交通频繁，曾有扶南（今柬埔寨）、掸国（今缅甸）、叶调（今爪哇）等东南亚国家派遣使者访问中国，并到达京城洛

阳。通过这些活动，加强了中国与东南亚国家的经济联系和文化交流。

东汉末年以来，中原战乱频繁，终至三国鼎立。此时，传统的陆上"丝绸之路"受阻，海上丝绸之路由于相对稳定，获得了重要的发展契机。当时作为南海"丝绸之路"中心基地和对外贸易港口的岭南，生产发展、商业繁荣，中原人民大批南迁，促进了经济、技术和文化的融合和进一步的繁荣发展。

关于这次出使，《三国志》没有记载，而是记载于《梁书》。《梁书》中三次叙及此事。《海南诸国传·总叙》中说："海南诸国……孙权时，遣宣化从事朱应、中郎康泰通焉。其所经及传闻，则有百数十国，因立记传。"《扶南国传》记载："吴时，遣中郎康泰、宣化从事朱应使于寻国，国人犹裸，唯妇人著贯头。"《天竺国传》中则指出："吴时扶南王范旃遣亲人苏物使其国……其时吴遣中郎康泰使扶南，及见陈宋等，具问天竺土俗，云'佛道所兴国也'。"

康泰和朱应出使南海诸国的外交活动，范围广泛，影响深远，这次活动远至林邑（今越南中南部）、扶南诸国，据说他们经历之地和得到传闻的国家有一百几十个。据史家考证，大抵林邑、扶南等国与"西南大海洲上"（南洋群岛）诸国是朱应、康泰所亲身经历之地，大秦、天竺等国则得自传闻。朱应和康泰二人在出使期间，不仅与当地展开贸易，缔结了友好关系，而且对沿途的所见所闻、地理概貌、风土人情、文化特点等一一进行了细心考察。

回国后，朱应写下了《扶南异物志》1卷，记述了他出使扶南等国的见闻，并对南海诸岛的地理情况做了准确的记载。该书为《隋书·经籍志》《旧唐书·经籍志》《新唐书·艺文志》等著作普遍征录，今已失传。康泰则写出了《吴时外国传》（又名《吴时外国志》《扶南记》或《扶南传》），已亡佚，《水经注》《艺文类聚》《梁书》《通典》《太平御览》诸书有所征引。这两部书也成为研究中国和南海诸国早期经济文化交流史的重要文献。

朱应、康泰出使南海，成为中外关系史上的一个重要事件被载入史册；而他们在书中所留下的许多珍贵史料，在科学技术、文化传播、地理舆情等方面，也成为研究中外文化交流的重要佐证。

在科技方面，朱应、康泰对扶南的造船和航海技术格外关注，并做了详尽考察。在《吴时外国传》中，康泰写道："扶南国伐木为舡，长者十二寻，广肘六尺，头尾似鱼，皆以铁镊露装，大者载百人。人有长短桡及篙各一，从头至尾，面有五十人作，或四十二人作，随舡大小。立则用长桡，坐则用短桡，水浅乃用篙，皆当上应声如一。"

在舆地方面，《吴时外国传》对西沙群岛一带的珊瑚礁石作了记载。康泰不仅提到了南沙群岛，而且记录下了这一带的海情："涨海中，到珊瑚洲，洲底有盘古……"这也从侧面解释了"朱应滩""康泰礁"等岛屿的由来；并说明这条海上新航线在孙权黄武年间康泰、朱应出使扶南时已经通航，出使船队已经从这里经过。

朱应、康泰的这次出使，也使得中外宗教交流日益频繁。此后，僧人频频来往于海上丝绸之路，促进了佛教文化在中国的推广。佛教开始在江南传播，孙权于247年特地造了一座"建初寺"，地点就在最繁华的大市之后，所以也叫"大市寺"。这是江东地区有明确纪年的第一座佛寺。与此同时，佛经佛像等也大量传入中国。两晋南北朝时期，不少中国僧人也开始到印度取经，法显即为其中的出色代表。

朱应、康泰的出使，最大贡献在于推动了此后大批中外使者的频繁交往，为中原地区与南海诸国的文化交流奠定了基础。中外官方使者频频的朝贡贸易交往使得这一时期南海"丝绸之路"格外繁盛起来。233年，孙权派将军贺达率兵一万航海出使辽东。242年，他再度派将军聂友、贺达、孙怡等，分别带兵共约3万人航海至辽东、珠崖、儋耳（今海南岛）等地。243年，

扶南王范旃遣使来吴，送来一个乐队及地方特产。孙权专门在皇宫附近造了一座"扶南乐署"，请乐人们把扶南优美的歌舞教给东吴的宫女。林邑、堂明等国王也遣使来吴聘问。在此期间，大秦商人和林邑使臣也曾到达建业。

此外，盘盘国（今泰国南万伦湾沿海一带）、顿逊国（今缅甸丹那沙林附近）、丹丹国（马来半岛）、刊范利国（马来半岛）、狼牙修国（今马来半岛东岸北大年以东和东北地区）、呵罗单国、阇婆婆达国（今印度尼西亚爪哇岛或苏门答腊岛）、婆利国（今文莱）、师子国（斯里兰卡）、天竺（印度）、波斯（伊朗）等国先后派遣使者，携带礼品货物前来朝贡访问和贸易。从此，开始了中国和海南诸国的正式往来，国际间的文化交流更加丰富多彩。

南海诸国的特产如杂香、细葛、明珠、大贝、琉璃、玳瑁、翡翠、犀角、象牙和奇珍异果等，从此源源不断地运到建业来；中国的蚕丝、丝绸、瓷器等也不断传入东南亚及欧洲。

■故事感悟

朱应、康泰作为中国古代外交家和有历史记载的、最早航海到东南亚、南亚的旅行家，为中国与东南亚等国的友好交往和文化交流作出了不可磨灭的贡献。

■文苑拾萃

台湾与大陆密切往来的最早纪录

在正式派遣朱应、康泰出使南海之前，孙权曾于230年（黄龙二年）组织了一次探寻南海国家和地区的行动。据《三国志》记载，孙权派将军卫温和诸葛直带领兵10万人航行到了夷洲（今台湾省）。这是台湾与祖国大陆密切往来的最早的正式记录。

王玄策三走天竺国

王玄策（生卒年不详），河南洛阳人。在唐太宗与唐高宗时期曾3次出使印度，前后历时11年之久。与唐玄奘一起，被誉为发展古代中印关系的代表人物。

唐朝初年是中国古代对外交往的大发展时期，王玄策出使天竺诸国的活动，就是唐太宗外交活动的重要组成部分。在唐太宗贞观十七年至唐高宗显庆年间，王玄策曾3次出使天竺，对唐朝对外交通和古代中国与印度关系作出了重要贡献。王玄策将前后出使经过写成了《中天竺国行记》（或称《西国行传》），文字部分10卷，图3卷，可惜到宋代时这部书就散佚了。

唐高宗麟德三年（666年），唐朝官方曾在王玄策和唐玄奘有关著述的基础上，修撰了《西域志》（或称《西域图》）一书，全书100卷，文60卷，图40卷。不幸的是，这部书也在宋时散佚。《旧唐书》和《新唐书》都没有为王玄策立传，他的事迹散见于唐代僧传转引《中天竺国行记》和《西域记》两部书的内容及官书的零星记载。

王玄策第一次出使天竺在贞观十七年（643年），这时唐玄奘已从天

竺诸国返回我国西域境内，在和田等候朝旨，准备东返长安。此前，当唐玄奘到达中天竺摩伽陀国时，曾向国王尸罗逸多（戒日王）详细介绍了唐朝的情况。尸罗逸多于贞观十五年（641年）派遣使节入唐，希望与唐朝建立友好关系。唐太宗命令云骑尉梁怀璥持节抚慰出使天竺，尸罗逸多再次派遣使节随唐使梁怀璥入朝。

贞观十七年（643年）三月，唐太宗再命卫尉丞李义表为正使，率随从22人，送天竺使节返国。这时王玄策任融州黄水县（今广西融水苗族自治县西）县令，他作为梁怀璥的副使，随同唐朝使团出使天竺。同年十二月，使团抵达摩伽陀国，游历天竺各地，并于贞观十九年（645年）正月二十七日在著名的灵鹫山勒铭留念。同年二月十一日，又"奉敕"在摩诃菩提寺立碑，二篇铭文现存于《法苑珠林》一书中。一直到贞观二十年（646年），王玄策才与唐朝使团一起返回长安。王玄策第一次出使天竺，前后历时4年左右，往返都经过泥婆罗国（今尼泊尔）。

贞观二十一年（647年），王玄策作为正使，率副使蒋师仁等30余人再次出使天竺诸国。这次当使团到达中天竺时，恰恰碰上摩伽陀国王尸罗逸多去世，摩伽陀国大臣阿罗那顺发兵拒斥唐使，并劫夺其他天竺诸国献给唐朝的贡物。王玄策率领的使团随从人员悉数被俘，他本人则逃奔到了吐蕃国。王玄策在吐蕃国征发了1200人的精锐部队，又调发泥婆罗国7000骑，返回中天竺，攻打阿罗那顺。经过激战，王玄策生擒阿罗那顺，斩首3000余级，俘虏1.2万人，获牛马3万头，并于贞观二十二年五月庚子（648年6月16日）将阿罗那顺带回了长安。王玄策本人也因功被拜为朝散大夫。第二次出使历时两年。

唐高宗显庆二年（657年），唐高宗第三次派遣王玄策出使天竺，送佛袈裟。近年在西藏日喀则地区吉隆县县城以北约4.5公里处阿瓦呷英山嘴发现的摩崖石刻《大唐天竺使出铭》，明确记载"显庆三年（658年）

六月",左骁卫长史王玄策经"小杨童之西"出使天竺的经历,为王玄策的出使活动增添了新的实物证据。显庆五年(660年)九月二十七日,王玄策一行到达摩诃菩提寺,十月一日离开此地返唐。《法苑珠林》卷二十九在谈到唐朝奉的佛顶骨时,明确记载,"至大唐龙朔元年(661年)春初,使人王玄策从西国将来,今现宫内供养"。王玄策到达长安的时间应在唐高宗龙朔元年(661年),这次出使历时5年之久。

■故事感悟

中国古代对外物质、文化交流主要是通过官方派出的使节、求法僧人和商人进行的。王玄策的出使活动,不仅对中国文化交流的许多方面都作出了主要贡献,而且也为了解和研究古代官方对外交流提供了不可多得的具体例证。

■史海撷英

《道德经》首次被译为梵文

王玄策的出使活动大大推动了唐朝与天竺的文化交流,首先表现在促进双方思想文化的了解与交流上。王玄策一行在第一次出使时,在天竺国刻写碑铭,宣扬"大唐之淳化",促进了天竺各地对唐朝的了解。更重要的是,王玄策还着意在天竺宣传道家传统经典《道德经》。

据王玄策与李义表第一次奉使归来时向太宗的报告称,唐使途经迦没路国时,发现这里除了信佛,"外道"也很兴盛,于是对其国王童子王说,中国在佛教未流行前,就已有道家经典在民间广泛传布。道经如果传到迦没路的话,这里必定也会信奉。童子王于是请求得到老子像与《道德经》。太宗令玄奘与道士蔡晃、成英等30余人一起参详,将《道德经》

翻译为梵文。"奘乃句句披析，穷其义类，得其旨理，方为译之。"此事虽因佛、道信徒相互争论不决而中辍，但它的确是古代中印思想文化交流的重大事件。

□文苑拾萃

菠菜的传入

王玄策的出使活动，推动了沿途国家或地区与唐朝的物质文化交流。如王玄策第一次出使时经过泥婆罗，曾受到其国王那陵提婆的热情接待。次年（647 年），泥婆罗国遣使入献波稜、酢菜、浑提葱等物产。泥婆罗国与唐朝通使，显然与王玄策的外交活动有密切关系。波稜菜就是今天的菠菜，直到现在仍是人们最常食用的蔬菜之一。

"天朝使者"图理琛

图理琛（1667—1740），姓阿颜觉罗，先世为叶赫人，字瑶圃，号睡心主人。满洲正黄旗人。图理琛在康熙二十五年由监生任内阁中书，后晋侍读。雍正元年官至广东布政使，雍正三年晋陕西巡抚。雍正五年，任吏部侍郎，参预订立《中俄恰克图条约》。乾隆初，任内阁学士，后病免。

土尔扈特原为厄鲁特蒙古四部之一。大约在明崇祯元年（1628年），土尔扈特部因受准噶尔部压迫，5万余帐牧民离开原在塔尔巴哈台的牧地向西南方向移动，越过哈萨克草原，渡过乌拉尔河，来到当时俄国人烟稀少的伏尔加河下游，即今南俄草原一带各支流沿岸游牧。

17世纪末和18世纪初，土尔扈特部逐渐为沙俄所控制，但仍不断掀起反抗斗争，不肯臣服。沙俄统治者一直未能实现对土尔扈特部的完全征服，常采用高压政策，征调土尔扈特部军队，并积极培养亲俄贵族。随着沙俄对他们的欺压和剥削日益严重，加之风俗不同，该部始终怀念祖国。清初，土尔扈特部曾不断遣使入贡，后来贡道被准噶尔阻绝，土尔扈特便假道俄罗斯，与清朝相通。

康熙四十三年（1704年），该部首领阿玉奇之嫂携子阿拉布珠儿及部众不远万里回到西藏朝佛，觐见康熙皇帝。阿拉布珠儿被康熙封为"贝子"。

康熙五十一年（1712年），土尔扈特汗阿玉奇遣使萨穆坦"假道俄罗斯，达京师表贡方物"。旅程艰难，历经两年多才到达，表达了对祖国的向往。康熙帝"嘉其诚"，不仅赏赐大量金银财物、绫罗绸缎，还决定派内阁侍读图理琛等为使臣，前往伏尔加河流域，探望土尔扈特部，并了解"所部疆域"。

1712年5月20日，清政府正式派图理琛使团出访土尔扈特部。使团主要成员有：太子侍读图理琛、侍读学士殷扎纳、理藩院郎中纳颜、厄鲁特人舒哥和米斯；另有随从武官3名、家仆22名，连同阿拉布珠儿所遣4人，总计34人。他们由北京出发，北上经张家口，越过蒙古高原，进入俄境。旅途横穿西伯利亚，经过叶尼塞河、鄂毕河和伏尔加河三大河流，跨越乌拉尔山脉，到达欧洲俄国中部。清政府由理藩院行文俄国当局，要求允许使团过境。沙俄对清政府所遣使团很猜忌，百般阻挠使团行动。直到康熙五十三年（1714年）一月二日，使团才抵达俄罗斯与土尔扈特的边界萨拉托夫。又折向南行，于康熙五十三年五月底，终于抵达土尔扈特首领阿玉奇游牧的草原马弩托海（今马纳特）。

阿玉奇汗及其部众接到使团到达的消息后，欣喜万分。阿玉奇立即动员组织部众，整修毡帐，制作衣服和食品，做好一切准备；并命各部台吉、喇嘛各率所属人众前往迎接，沿途陈设筵宴，排列牲畜，热情接待，欢迎仪式十分隆重。

图理琛等人向阿玉奇下达圣祖谕旨，转达了康熙皇帝的问候。阿玉奇激动地对图理琛等人说："满洲、蒙古大率相类，想起初必系同源。"他又说：蒙古"衣服帽式，略与中国同。其俄罗斯乃衣服、语言不同之国，难以相比"。充分认同自己是祖国多民族大家庭成员之一，流露出了思念祖国故土之情。使团在土尔扈特逗留旬余，筵宴不绝，并观看了射箭、摔跤等民族表演，彼此都"喜之不尽"。在宴席上，阿玉奇等王公贵族详细询问祖国政治、经济情况，表达了土尔扈特人对祖国的深厚情意。

图理琛使团在土尔扈特停留了14天。康熙五十三年（1714年）六月，使团在阿玉奇汗和土尔扈特人欢送下，离开伏尔加河下游踏上归途，并于康熙五十四年（1715年）四月回到北京，完成了康熙皇帝交付的出使探访使命，受到嘉奖。

图理琛使团在出使期间，始终遵循康熙皇帝的训旨："尔等随役，不可无礼妄行，须严加约束。""尔等须庄重行事，不可轻于戏谑。若馈赠等物，毋据收受，必须再三却辞。"严于律己，极为严谨，树立了令人尊敬的"天朝使者"的形象。彼得大帝曾回话嘱令托波尔斯克总督等官员："尔等须当钦敬护送至阿玉奇处，一应马匹不可延误。"各地地方官们也"排兵列帜，鸣炮放枪，鼓吹迎接"。

图理琛思维敏捷，通晓天文地理，眼界开阔，对待异邦官员人士，或中国外迁的土尔扈特部众，无论阐事析理，还是回应诸询，都能对答如流。俄国官员多折服，曾在向沙皇的报告中称图理琛为"天朝使者""知识高明"。图理琛使团作为清朝派往马弩托海的第一个使团，虽然不是直接出使俄国首都，但大部分行程和时间都在俄罗斯。作为中国官方派遣的第一个到达俄国境内的人，图理琛对中俄两国的文化交往功不可没。

图理琛使团此行的主要目的是慰问土尔扈特蒙古族。这次出行，增强了我国各族人民的兄弟情谊和民族团结，也增强了土尔扈特部和祖国人民的联系与感情，为后来该部万里迢迢回归祖国打下了基础。

■ 故事感悟

　　图理琛作为中俄关系的重要人物被载入史册，他对中俄关系所作的贡献在历史上具有重要地位，值得后人缅怀。

■ 史海撷英

中俄中段边境的相关条约

　　康熙年间，图理琛由于出使有功，办事完满，很受朝廷重视，此后又多次奉命去中俄边境处理两国外交事宜。康熙五十七年（1718年），清政府军东征准噶尔部，图理琛曾奉命出使至楚库柏兴，致书西伯利亚总督解释局势，宣传中方的意图。此后，他又参与了划分中俄中段边界的谈判。

　　康熙年间，沙俄大规模入侵中国，不仅向中国黑龙江流域渗透，还把侵略的魔掌伸进我国北部的喀尔喀蒙古地区。沙俄一方面对喀尔喀蒙古威逼利诱，一方面积极支持准噶尔部噶尔丹叛军攻击喀尔喀。在他们的夹击下，喀尔喀被迫举族南迁。沙俄趁机向南扩展势力，占据了喀尔喀大片土地。噶尔丹叛乱平定之后，喀尔喀蒙古重返家园，沙俄仍然不断蚕食侵扰，中俄中段边界的形势日趋紧张。

　　《尼布楚条约》划分了中俄东段边界，中段边界被搁置。此后，清政府曾一再要求划定中段边界，均遭拒绝，被迫于1722年4月宣布中断两国贸易。直到雍正三年（1725年），彼得一世去世，其妻叶卡捷琳娜一世鉴于内政不稳，加上同瑞典、波斯（今伊朗）连年作战，无力再在中国边境挑起战事；同时担心中俄边界问题长期拖延不决，将使其对华贸易受到更大影响，才派遣萨瓦·拉占津斯基为特命全权大使，到北京谈判贸易和边界问题。使团共有120人，由1500人的庞大卫队护送。次年，萨瓦到达北京。

清政府组成了兵部侍郎图理琛、吏部尚书察毕纳、理藩院尚书特古忒为首的谈判代表团。双方经过数十次艰苦的会谈，历时半年之久，终于达成初步协议，商定了处理边界和贸易问题的一些原则。

雍正五年(1727年)，双方转移到色楞格河支流的布尔河畔举行边界谈判，图理琛、四格、隆科多等奉命为谈判代表。萨瓦在谈判中调遣军队，公然以武力相威胁，隆科多不肯示弱，与之力争。为免谈判破裂，雍正帝将隆科多撤回，改由策凌充首席代表。策凌态度软弱，终于接受了俄方的划界方案，签订了《中俄布连斯奇界约》。界约界定了中俄中段边界：以恰克图为起点，由此向东至额尔古纳河，向西至沙毕纳伊岭(即沙宾达巴哈)，以北属俄罗斯，以南属中国。

■文苑拾萃

《异域录》

图理琛根据自己出使伏尔加河流域的见闻，撰写成了《异域录》，成为中国人写的第一部旅俄游记。该书用满、汉两种文字，记述了使团途经喀尔喀蒙古、西伯利亚等地的所见所闻，包括山川、物产、城邑、要塞、民族、宗教、风土、人情、礼仪、习俗等，并涉及了俄国官制、议政、什一税、兵饷、度量衡、钱币和民族情况等，具有很高的历史价值。该书在国内广泛流传，促进了中国人对俄国的了解，并被译成法、俄、德、英、日等多种文字出版，在世界舆地史上享有盛名。此书后被收入《四库全书》。

近代外交功臣第一人

文祥（1818—1876），瓜尔佳氏，字博川，号文山。中国晚清洋务派大臣。满洲正红旗人。文祥是道光二十五年（1845年）进士，历任太仆寺少卿、詹事府詹事、内阁学士、刑部侍郎。咸丰八年（1858年），文祥任军机大臣行走，后授礼部侍郎，又历任吏部、户部、工部侍郎，兼副都统、左翼总兵。文祥历经道光、咸丰、同治、光绪四朝，与奕䜣一起在中国掀起了一场波及内政外交的洋务运动，成为中外闻名的"中兴"名臣。

1860年，英法联军攻逼北京，咸丰帝出走热河（今河北承德）时，文祥随恭亲王奕䜣留在北京与英法议和。由于此前从未与外国人打过交道，文祥对敌情知之甚少。

9月26日，英法联军进入圆明园，并对这个世界最大的皇家艺术宝库大肆掠夺，疯狂抢劫，而后纵火焚烧。在敌人枪炮胁迫之下，文祥与奕䜣代表清朝政府签订了屈辱的《北京条约》。规定外国使节可以常驻北京，开放天津并增加巨额赔款，英国得到了梦寐以求的九龙租借权。俄国在双方谈判僵持阶段，以"调停者"的身份落井下石，抢走了乌苏里江以东大片中国领土。

屈辱的《北京条约》、骄横傲慢的侵略者使得文祥和奕䜣痛定思痛。他们在反思中得到了教训:洋人的武器和军队远非中国所能比,"师夷长技"势在必行! 这次屈辱使他们大受刺激,也坚定了中国欲图自强,必须先学习西方先进技术的思想和决心。这也为他们日后成为洋务运动的中央首脑奠定了基础。

为争取时间实现自强,奕䜣和文祥制定了一系列内政外交方针。内政方面,首要的就是请外国教官来训练中国军队,购买洋枪洋炮充实装备。外交方面,他们改变了仇视洋人的态度,希望通过谨守和约来避免和外国开战。这和地方实力派人物李鸿章、张之洞、沈葆桢等的思想不谋而合。晚清洋务运动的勃兴,也就在此时发端并在不久之后蔚然成风。

咸丰十年底(1860年),作为军机大臣的文祥与奕䜣在签订《北京条约》后,筹议善后事宜,并与大学士桂良等联名奏请改变清政府的外交、通商制度,倡导洋务"新政";首请开设专门的外交机构——总理各国事务衙门,并提出了理由:"各国事件,自由外省督抚奏,汇总于军机处。近年各路军机络绎,外国事务,头绪纷繁,驻京之后,若不悉心经理,专一其事,必致办理延缓,未能悉协机宜,请设总理各国事务衙门……"咸丰皇帝下谕批准。自此,文祥等成为清朝中央政府中著名的洋务派首领。

总理衙门的设立,使清政府内政大权归军机处,一切涉外事务尽归总理衙门。随着对外交涉的日益频繁,总理衙门的权力也越来越大。总理衙门的建立,打破了清朝旧的官制,加强了外交工作的分量。总理衙门也受到了顽固势力的猛烈攻击,他们甚至认为这个机构是"专门事鬼"的卖国组织。

尽管如此,总理衙门建立之后,逐渐成为与军机处平行的军国大政

决策和执行机构。在文祥等洋务领袖的主持下，清朝与欧美主要国家建立了商务和外交关系。由于缺乏精通海关、国际关系甚至外语的人才，他们只好聘请英国人赫德主管海关，派美国人浦安臣为巡回使节。他们冒着被顽固派攻击、辱骂的风险，力排众议，终于为保守的大清王朝开辟了一丝外交的新气象。

为充实外交人才，洋务派开始为举办现代教育多方筹措，并于1862年成立京师同文馆（北京大学前身），为一些选拔出来的贵族少年教授外语。此外，洋务派还积极引进西方技术，开办近代企业，修铁路、造轮船，"师夷长技"一时蔚然成风。

在奕䜣、文祥等人的支持下，1876年，中国第一任驻外国公使郭嵩焘被派常驻伦敦，为近代外交制度走向职业化开启了一条通道。

□故事感悟

两次鸦片战争后，自诩"天朝上国"的清政府见识了西洋坚船利炮的威力，被迫打开国门，结束了闭关锁国的局面。文祥等一批士大夫阶层，不甘心国土的丧失，掀起了一场波及内政外交的洋务运动，使晚清出现了短暂的"同光中兴"局面。而通过文祥等人的努力，也使中国近代外交出现了职业化的雏形。

□史海撷英

具有远见的文祥

文祥一生，以机敏、务实著称，顽固派、洋务派都对他非常尊重。但他显然更希望改变落后的国家现状，因而也更倾向于洋务派，并成为中央的洋务领袖之一。

自1861年起，文祥与奕䜣便在南方开放城市物色教员，到京师同文馆教学。同文馆的筹建曾遭到顽固派的激烈反对，认为学外语是"学鬼话"，他们甚至认为："夷人，吾仇也，何必师事夷人。""立国之道，尚礼义不尚权谋；根国之图，在人心不在技艺。"以文祥和奕䜣为代表的革新派据理力争，认为"采西洋学洋器，为自强之本"，讽刺保守派在英法联军进逼北京时，"纷纷逃避"，不知救国的长久之计。

此后，清政府兴办了一系列新式学堂，开办了许多近代企业；兴水师、修轮船、造火器，并抛弃满汉之别，重用曾国藩、李鸿章、左宗棠等汉人将领，并赋予他们相当的权力，一时洋务运动迅速在全国展开。在文祥与奕䜣等人的努力下，同治一朝，外侵稍定，内部求强，举国太平，朝局一新，一时颇有中兴气象。

1872年，李鸿章奏请资助福州船政局，提出一律停建军用驳船，并把拨给传统水师的经费转用于火轮军舰。虽然这一提案最后没有得到总理衙门的支持，但李鸿章的洋务思想很受文祥的赏识。1875年5月，当朝廷讨论沿海防务时，文祥对李鸿章关于修铁路、建电报乃至在各省会设立讲授西学学堂的想法非常赞同。两名顽固派的汉族官员对李鸿章的建议猛烈攻击，文祥并未气馁，而是与奕䜣等联名奏请办理海防六事，使得后来的洋务运动有了进一步的发展。

1875年，新疆民族分裂势力在英国政府暗中支持下发动叛乱，妄图分裂自治。文祥力排众议，坚决支持左宗棠进军新疆，加强边防，平定叛乱，最终扫清了叛乱势力，为保护清朝版图的完整作出了贡献。

第三篇
经济互利　文化互通

张骞通西域开"丝绸之路"

张骞（公前164—前114），字子文。汉中成固（今陕西城固县）人。我国西汉时期功绩卓著的外交家。

汉朝时，人们认为西域是荒蛮地区，去西域是一件十分危险的事。道路难行自不必说，沿途还很不安全，常常遭到抢劫和杀害。张骞时年约26岁，正是风华正茂，准备干一番事业的年纪。他有勇有谋，胆大心细，敢于担当重任，因此毅然应募。汉武帝对他充分信任，遂授以汉节（使节凭证）。以张骞为首的多达百余人的庞大外交使节团，于武帝建元三年（公元前138年）离开长安，由陇西（今甘肃东部）出境。

令人遗憾的是，张骞西行，必须经过匈奴人控制的地区。当时由于汉匈基本上处于敌对状态，匈奴人时刻提防着汉朝任何对己不利的举动。匈奴人知道，一旦汉与西域某方势力联手，自己就会陷于被动。

张骞使团这么多人浩浩荡荡西行，很快就被匈奴人发觉了。结果张骞等百余人全部被匈奴扣留，并被带到单于王庭，西行使命的证据被搜

出。单于说："月氏在吾北，汉何以得往使？吾使越（在汉朝南边），汉肯听我乎？"月氏在匈奴的背后，汉朝派人去那里，必然对匈奴不利，这是不言而喻的事。在汉、匈处于互不信任的情况下，双方彼此保持高度警惕是不难理解的。好在匈奴人并未把事情做绝，不像在一般情况下那样，杀死对方的使者，但是也绝对不能放张骞去大月氏，于是就把汉朝使团扣留起来。

队伍西行不成，张骞一时一刻也不敢忘记自己承担的使命。他把武帝授给他的汉节小心翼翼地放在身边，精心保管着。时间过去了10年，匈奴人渐渐放松了对张骞的看管。一天，张骞终于找到机会，趁匈奴人一时看管松懈，招呼尚在身边的随从一起逃脱，继续西行。他们在沙漠里迷了路，就以日月星辰辨别方向；没有吃的东西，"穷极射禽兽给食"。

张骞一行，一路尝遍艰辛，所幸遇到因贪图汉朝财物而对张骞继续西行多有支援的大宛王。大宛在现今中亚乌兹别克的费尔干纳盆地，而康居在今乌兹别克北部和中部。张骞的后半段路程还算顺利，从费尔干纳盆地西行，再往南，到达今中亚阿姆河上游一带，找到了大月氏。大月氏王廷建在阿姆河北岸。

此时的大月氏已拥立被匈奴人杀害的国王的夫人为王，并已征服了大夏（今阿富汗北部、乌兹别克、塔吉克南部、土库曼的东部）。《汉书》载："大夏本无君长，城邑往往置小长。民弱畏战，故月氏徙来，皆臣畜之。"

大月氏没费太大力气就占领了大夏，并逐渐安定下来。当张骞到达时，看到大月氏"地肥饶，少寇，志安乐，又自以远远汉，殊无报胡之心"。原来大月氏西来之后，找到了新的安乐窝，无心再向匈奴报昔日的深仇大恨；而且这里离汉朝那么远，与汉朝结盟已无实际需要了。

张骞在大月氏停留一年多，虽经多方努力，终未达到联络大月氏共同打击匈奴的目的，只得东返。

张骞担心东返时再次被匈奴扣留，于是舍弃比较容易走的北道，改走南路，穿越帕米尔，"欲从羌中归"。很不幸，"复为匈奴所得"。好在这时正值匈奴内乱，无力顾及此事。被扣留一年多，张骞又乘机逃脱了。

张骞于汉武帝元朔三年（公元前126年）返抵长安，历时13年的出使任务终于了结。

张骞西行，在历史上第一次打开了通往西域乃至更远道路的大门，标志着中国同西域关系一个崭新时代的开始。张骞在向汉武帝报告时，曾建议"招乌孙东归，以斩匈奴右臂"。于是，武帝又派他以中郎将身份出使乌孙。不巧，适逢乌孙内乱，一时顾不上接待张骞，张骞遂派副使去大宛、康居、大夏、安息等国。4年后，当张骞一行返回长安时，内乱稍定的乌孙还是派使同张骞一起到长安致谢。从此以后，乌孙成了汉朝在西域最得力的盟友。

■故事感悟

张骞出使西域在历史上第一次打开了通往西域的大门，使汉朝与西域的交通建立起来，标志着中国同西域之间一个崭新时代的开始，对当时汉朝与西域经济文化的发展与交流起到了重大的促进作用。

■史海撷英

张骞与甘父

张骞出使西域，一路上多亏一位名叫甘父的随从。甘父无怨无悔，忠心耿耿，协助张骞克服了无数困难，对张骞完成西行任务起了很大作用。

据《汉书》注释，甘父为胡人。所谓"胡"，在我国古代历史上泛指中国北方和西方的少数民族。甘父生长在少数民族地区，后来流落到长安，在堂邑氏家做奴仆。有一篇文章说，中亚一作者认为甘父是伏尔加河流域的俄罗斯人，被匈奴人俘虏后辗转到了中国。甘父箭法很好，张骞西行时，一路上常常忍饥挨饿，实在没东西吃的时候，多由他射杀禽兽，解决大家的饥渴问题。

□文苑拾萃

"西域"一词的出现

"西域"一词最早见于《汉书》，这和张骞的功绩是分不开的。

西汉时，狭义的西域是指玉门关、阳关（今敦煌）西，葱岭东，即巴尔喀什湖东南和新疆广大地区；广义的西域还包括葱岭以西的中亚和西亚、南亚的一部分以及东欧、北非的个别地方。这是当时中国人地理知识中关于"西"的总体概念。

那时，塔里木盆地周围散布着大大小小的36个国家。张骞通西域前，这里受匈奴贵族役使，"赋税诸国，取畜给焉"。匈奴人的残暴统治，常常引起西域人的不满。

宋代"榷场"开商贸平台

在北宋、南宋时期，中国的商业经济进入繁荣时期，主要表现是"互通互利"的榷场商业贸易模式的建立。如果说汉唐以来"互通互利"的思维理念、"互通互利"的商贸模式已经萌生，那么两宋时期榷场（互市）这一"互通互利"的商贸运作模式的出现和海外贸易的发展，特别是榷场这一商贸平台在规模、规范、制度化的形成与发展，却是汉唐以来无法比拟的。

榷场是指辽、宋、西夏、金政权在各自疆土接界地点设置的互市市场。《金史·食货志》五载："榷场，与敌国互市之所也。"榷场贸易出现于10世纪末，结束于13世纪后期，历经近300年，是辽、宋、西夏、金时期隶属于不同政权的地区之间经济交流的重要途径。它是通过在边地州军设置榷场，由榷场上的政府官员严格管理、评定货色等级、兜揽承交、征收商税等条件下进行的商品交换，是因各地区经济交流的需要而产生。对于各政权统治者来说，它还有控制边境贸易、提供经济利益以及安边绥远的作用。

所以榷场的设置，常因各政权间政治关系的变化而兴废无常。宋太宗赵炅时期，宋、辽间就已在宋境的镇州（今河北正定）等地设置榷场，不久即因宋辽战争而罢。澶渊之盟后，宋、辽之间主要有在宋境的雄州（今河北雄县）、霸州（今河北霸县）、安肃军（今河北徐水）、广信军（今河北徐水西）等河北四榷场，以及辽境的新城（今河北新城东南）榷场。宋夏之

间，先于景德四年（1007年）在保安军（今陕西志丹）置榷场互市，后来又在镇戎军（今宁夏固原）等地置榷场。在宋仁宗赵祯、宋神宗赵顼等时期，都曾因战争而一度废罢。辽夏间则有在辽境的振武军（今内蒙古和林格尔西北）榷场。

金朝立国，于1141年与南宋订立和约，划定疆界（见绍兴和议）。此后，双方先后在宋境的盱眙军（今江苏盱眙）、光州（今河南潢川）、安丰军花靥镇（今安徽寿县西北）、枣阳军（今湖北枣阳），以及金境的泗州（今江苏境内）、寿州（今安徽凤台）、蔡州（今河南汝南）、唐州（今河南唐县）、邓州（今河南邓县）、颍州（今安徽阜阳）、息州（今河南息县）、凤翔府（今陕西凤翔）、秦州（今甘肃天水）、巩州（今甘肃陇西）、洮州（今甘肃临潭）等地置立榷场。金夏间榷场则主要在金境的兰州（今甘肃兰州）、保安州（今陕西志丹）、绥德州（今陕西绥德），以及东胜州（今内蒙古托克托）、环州（今甘肃环县）等地。此外，辽朝于保州（今辽东丹东市东）等地，金朝于西京大同府（今山西大同）西北的过腰带、银瓮口等地亦设有榷场，与高丽及周边民族开展互市贸易。

榷场贸易中，中原及江南地区向北方输出的主要是农产品及粮食、茶叶、布帛、瓷器、漆器，以及海外香药之类。辽、金、夏地区输往南方的大宗商品则有牲畜、皮货、药材、珠玉、青白盐等。互市商品种类的不同反映了南北方各自的生产发展水平及其特点。

榷场贸易受官方严格控制，官府有贸易优先权。榷场领辖于所在地区的监司及州军长吏，又另设专官，稽查货物、征收商税。榷场商税是官府一笔不小的财政收入，还有官员专门评定货色等级、兜揽承交、收取牙税。宋、金榷场制度规定，小商人10人结保，每次携一半货物到对方榷场交易；大商人悉拘之，以待对方商贾前来。交易双方须由官牙人从中斡旋，不得直接接触。各政权对榷场交易的商品种类也有严格规定，如北方的战马，南方的铜铁、硫磺、焰硝、箭之类的军用物资，一般都严禁出境。虽然当时民间走私贸易十分活跃，榷场贸易仍是隶属于不同政权的地区之间经济交流的重要途径。

■故事感悟

榷场在古代是一个商贸平台，人们利用这一场所进行物资交换，南北沟通，既方便了人民，又便于商品流通。虽然随着交通的发达，榷场已经消失，但在当时它所起到的作用是不可估量的。

■史海撷英

榷场建立的重要意义

宋、辽、夏、金时期所确立的榷场贸易互市模式，使得两宋王朝在北方、西北少数民族政权林立，在中断了陆上丝绸之路的形势下，积极开辟海外的联系，实行对外开放政策，鼓励海外贸易。

宋、辽、金时期海外贸易兴盛，东到朝鲜和日本，南到南海诸国，西到阿拉伯半岛和非洲东海岸。南宋时，海外贸易税收成为国家财富的主要来源，使其经济发展程度强于盛唐时期。

回顾历史，在多权分立、上层政治统治腐朽的历史条件下，榷场贸易时期成为有史以来少有的商业繁荣期。这不能不说是"互通互利"的经典和杰作。

■文苑拾萃

《清明上河图》

《清明上河图》以精致的工笔记录了北宋末期、徽宗时代首都汴京（今

河南开封）郊区和城内汴河两岸的建筑和民生。

关于"清明"二字存在一些争议，有人认为入画时间为清明时节，还有人认为是在粉饰太平。

对于北宋京城汴梁以及汴河两岸的繁华景象和自然风光，作品以长卷形式，采用散点透视的构图法，将繁杂的景物纳入统一而富于变化的画面中。画中人物共815人，衣着不同，神情各异。其间穿插各种活动，注重戏剧性。构图疏密有致，注重节奏感和韵律的变化，笔墨章法都非常巧妙。

在疏林薄雾中，掩映着几家茅舍、草桥、流水、老树、扁舟，两个脚夫赶着5匹驮炭的毛驴向城市走来。一片柳林，枝头刚刚泛出嫩绿，使人感到虽是春寒料峭，却已大地回春。路上一顶轿子，内坐一位妇人。轿顶装饰着杨柳杂花，轿后跟随着骑马的、挑担的，从京郊踏青扫墓归来。环境和人物的描写，点出了清明时节的特定时间和风俗，为全画展开了序幕。

汴河是北宋国家漕运枢纽，商业交通要道。从画面上可以看到人烟稠密，粮船云集，人们有在茶馆休息的，有在看相算命的，有在饭铺进餐的。还有"王家纸马店"，是扫墓卖祭品的。河里船只往来，首尾相接，或纤夫牵拉，或船夫摇橹。有的满载货物，逆流而上；有的靠岸停泊，正紧张地卸货。横跨汴河上的是一座规模宏大的木质拱桥，它结构精巧，形式优美，宛如飞虹，故名虹桥。有一只大船正待过桥，船夫们有用竹竿撑的，有用长竿钩住桥梁的，有用麻绳挽住船的，还有几人忙着放下桅杆，以便船只通过。邻船的人也在指指点点地像在大声吆喝着什么，船里船外都在为此船过桥而忙碌着。桥上的人，也伸头探脑地在为过船的紧张情景捏了一把汗。这里是闻名遐迩的虹桥码头区，车水马龙，熙熙攘攘，完全是一个水陆交通的会合点。

新兴的沿水城市

　　隋唐时期，我国的军事政治中心仍在关中，而经济中心已移到江淮流域，出现了政治中心与经济中心分离的情况。隋统一后，大力修通大运河，主要目的在于解决政治中心与经济中心的联系问题。大运河的开凿促进了国内商业的流通，成为封建帝国的经济命脉。

　　这一时期，南方城市发展较快，长江中下游地区、四川盆地和东南沿海地区成为当时令人瞩目的主要城市发展区，这与海外贸易的兴起和发展以及大运河的开凿有着密切的关系。如当时号称四大都市的淮安、扬州、苏州、杭州都在运河沿线；隋朝东都洛阳因位于大运河的中心，商业盛极一时。这一时期，最为突出的是都城的建设。如唐代长安城，既是全国的政治中心，又是亚洲各国经济文化交流的中心，是一座国际性大都市。长安城建筑规模宏大、布局合理，既反映了唐朝的国力和科技水平，也体现了唐朝前期封建统治井然有序、中央集权得到加强的政治面貌。特别是长安城的经济布局突出了"坊""市"之分，"市"内店铺林立，非常繁华。

　　元明清代以来，以历史上郁林州（玉林市）的兴衰来看"互通"对城市发展的巨大有拉动作用。

　　据《元一统志》载，"南流大江在州南，去南流县二百步，源自容

州北流县凌城乡大容山流出，经本州南门外，至廉州石康县合浦入海。岁通舟楫，来往运海北海南盐课，至南辛仓交卸。"故元代南流江的交通形势与地位和运输能力未发生变化。正因为各种货物在城南港埠转运，所以在州城南门外形成了较大规模的墟市（乡村集市）。

明初，废南流县入郁林州；废普宁县入容州，并降容州为容县，属梧州府；原容州所属北流、陆川二县隶郁林州后，形成了郁林五属——郁林州、兴业县、北流县、陆川县、博白县。其中郁林州城成为五属中心。郁林州行政地位的提高，标志着州城吸引范围和物资集散能力的扩大，人口集散的空前增加。

民国后期，尽管南流江航道水深变浅，出现了"船埠与津谷之间礁石结集成石滩，滩在江中间阻塞主要航线二分之一，成"之"字形，延长至五华里许"等严重阻碍航运的问题，但由于自郁林城为起点的公路交通已四通八达，且在交通运输中升居主导地位，所以也并未因水路交通的上述问题而对郁林城市的存在和发展产生实质性的影响。区内水、陆交通线，尤其联水陆路所沟通的南北干线，不仅孕育了宋初的郁林州城，活跃了城市的政治、经济与文化生活，而且长期有力地维系、推动和促进了郁林城市及区内其他城镇的发展和繁荣。可见，交通的发展对于整个社会发展的拉动与制约的作用。

地理环境对城市和交通有着重要的影响作用。一个城市如果有良好的区位优势，畅达的交通城市发展进程就顺利，就能在众多城市中脱颖而出；一个城市一旦环境改变，良好的区位优势丧失，发展就会受挫，并将被新兴占优势的城市超越。近现代以来，黄淮之间城市发展表明，临近主要河流、位置适中、经济腹地广阔、交通便捷的城市有发展潜力，先后发展为地区中心城市；地理环境较差、交通不畅的城市发展就会缓慢。对这些城市来说，改造环境，创造良好的交通是亟待解决的课题。利用这一地区河道较多的特点，发展水运交通，兴修水利，防治水患，不失为可行的办法。

当今世界，人们对"互通互利"的传统思维理念认识有了更深广的理解，也必然会在更广泛的领域成为我们处事立业的思想法宝。

■故事感悟

水路交通在古代对经济文化的发展起到了十分重要的作用。在交通工具低下、交通不发达的古代，只有水路交通方便出行、运输，因此城市大多傍水而建。在水路发达的地方，新兴城市也应运而起，水路交通的便捷也促进了城市的发展。因此说，古代没有水路交通，也就没有城市的建立。

■史海撷英

古代鼎盛时期的扬州

现在运河沿线兴起了很多城市，这些城市也成为该地区政治、经济和文化的中心，有的已成为全国著名的大都市。例如，地处长江与运河交汇处的扬州，在魏晋南北朝之前，虽然地扼邗沟入江之口，也曾出现过一度的繁荣，但毕竟尚属于区域性州治。扬州的真正繁荣，是在京杭大运河全面开通之后。隋唐时期的扬州，不仅是江淮水陆交通的中心，是南方财富向关中、中原转送的枢纽，而且有着享有盛誉的铜镜制作、丝织品、金银器、玉石雕刻、造船等众多的手工业。

《新唐书·地理志》所列的扬州贡品就有24种之多。据日本僧人元开所撰《唐大和尚东征传》载，天宝二年（743年），鉴真第一次从扬州出发，所带的一批工手中有玉作人、画师、雕檩、刻镂、铸写、绣师、

修文、镌碑等共85人。从这个"工手"名单中，不难看出扬州手工业人才齐全，分工细密。隋唐时期的扬州，不仅是国家的商业都会，而且是东方闻名的国际贸易港。从东南亚诸国以及波斯（今伊朗）、大食（今阿拉伯）来华经商者，多住扬州和洪州（今南昌）。8世纪初，日本来唐的交通路线也从长江入经扬州、淮安，转赴长安。日本僧人园仁《入唐求法巡礼行记》写道：扬州江中充满舫船、积芦船、小船不可胜计。9世纪时，大食地理学家伊本考尔大贝记东方四大商港，扬州即为其中之一。到中、晚唐时，扬州的繁华达到鼎盛，史称"扬一益二"，成为"雄富冠天下"的一方都会。

■文苑拾萃

历史上"运河城市"的几种提法

在1885年之前，所有的运河沿岸城市都可以称之为"传统运河城市"；在1885年之后，有学者名之曰"近代运河城市"。而按近代以来的区域发展水平，并划分为"发达运河城市"和"欠发达运河城市"两组类型。以运河的兴衰为标志来解析城市的兴衰，水路航运的发展带动城市的发展，这个"发达"与"欠发达"的提法是贴切的。

郑和七次"下西洋"

郑和（1371—1433），15世纪功盖千秋、名震寰宇的伟大航海家。他的航海业绩时间之早、规模之大，达到了当时世界航海事业的顶峰。作为世界航海史上的先驱，郑和七下西洋被誉为"海上史诗"。

郑和七次下西洋，航海只是一种必不可少的手段；对亚非各国进行友好访问，把明朝政府对海外各国和平亲善、"厚往薄来，不重利益"的外交方针政策付诸实践，才是真正的目的。郑和的一生，大部分时间与精力都用在了处理繁重而复杂的外交事务上，并以其卓越的外交才能出色地完成了明朝政府交给他的外交使命，博得了"出使四方，不辱君命"的高度赞扬。

郑和率领的整个船队，实际就是一个庞大的外交使团。这里面有使团长（钦差正使太监）、副使团长（钦差副使监丞）、秘书（舍人，负责起草文书）、翻译（通事）、武官（都指挥）等。使团中还有职业外交官"鸿胪寺序班"，负责使团与各国交往的礼仪之事，并教各国使节来华访问须遵行的各种礼节。鸿胪寺设卿1名，官居正四品；序班50人，官居从九品。使团到各

国访问时，要对各国国王、酋长、头目等颁读明朝政府的诏书、敕命，同时
要接受各国的文书、表章。使团还负责迎送各国使者，促进经济文化交流。
使团每在一国登陆，都是以一支雄壮的仪仗队为前导，鼓乐喧天、仪式隆重，
"船队统领富埒王侯，服饰灿烂。当其登陆之时，卫士、奴仆、乐师如云"。

明成祖朱棣称帝以后，继承和发扬了明太祖"休养生息"的政策，
政治经济文化都有了迅速的恢复和发展，国家进入全盛时期。经济的丰
裕、社会的安定和国力的兴盛，使中国成为雄踞世界的东方大帝国。中
国的造船业，更是举世称雄。寻求拓展对外贸易和海外发展的道路，也
成为客观的必需和可能。

在明成祖登基之初，由于太祖朱元璋"海禁"政策的影响，当时中
国同东南亚、南亚各国之间存在诸多尖锐的矛盾需要解决，这就增加了
郑和外交使命的繁重性和复杂性。中国南方边境纷乱不宁，在沿海诸岛
屿上，反对明朝的势力活动十分猖獗，不时窜上大陆骚扰捣乱。凡此种
种，不仅损害了明朝统治的声望，也不利于明朝帝国的进一步巩固与发
展。永乐大帝不能容忍这种状况继续存在下去，决心在外交上做一番大
动作，彻底改变在海外国威不济的表现。

此时，东南亚和南亚各国之间矛盾重重，局势混乱不堪，明朝要解
决对外关系上的问题，单凭几个使节、几道文书已经无济于事，因此永
乐帝决定派遣庞大的舰队和精武之师下西洋。郑和凭着特有的见识与外
交才能，终于在第三次下西洋之后，令东南亚和南亚沿海地区局势改
观，出现了"海道由是而清宁，番人赖之以安业"的局面。

为解决东南亚各国之间存在的矛盾纷争，郑和还进行了大量解疑释
难、促进缓和的工作。永乐十年（1412年），郑和第四次下西洋时，旧
港（今印度尼西亚苏门答腊岛巨港）的部分地区为爪哇所占，而满剌加
想从旧港弄回这部分地区，遂假借强大明朝的名义，向爪哇索取这部分

土地，引起爪哇的疑虑和不满。明朝虽曾帮助满剌加取得独立，但不允许满剌加的这种欺诈做法。郑和受命出使爪哇，向国王都马板解释："比闻满剌加国索旧港之地，王甚疑惧。朕推诚待人，若果许之，必有敕谕，王何疑焉？小人浮词，慎勿轻听。"郑和贯彻明朝政府政策，审时度势，顺利完成任务，及时制止了满剌加企图兼并旧港部分地区的举动，避免了马来半岛至爪哇岛一带再度出现紧张，也保证了郑和进一步向西远航的顺畅，消除了后顾之忧。马六甲海峡当时是由海盗所控制，这条航道也为郑和所打通。

郑和以其非凡的外交才能，贯彻了明成祖制定的外交政策。他通过自身在宗教信仰方面的优势，传播伊斯兰教，尊崇佛教，联络感情，使他的和平亲善使命得到各国人民的信任与尊重，与各国建立了友好关系。由于南亚各国多信奉佛教，为做好工作，郑和每到一地，都同当地人民一道参与佛事。永乐五年（1407年）冬天，郑和第二次下西洋时来到锡兰山，对佛寺布施了丰厚的香礼。郑和的两次佛事活动，增进了中国与锡兰山人民的深厚友谊，为以后的交往打下了良好的基础。

■ 故事感悟

郑和下西洋，完成了历史空前的远航壮举，气势惊天，彪炳史册，开拓了明王朝对外关系的一个兴盛时代，使明朝出现了"万国来朝"的空前盛况，同时也显示了郑和对外开拓的伟大气魄。

■ 史海撷英

郑和下西洋的深远影响

郑和七下西洋，地域辽阔，航线纷繁。他所经过的国家和地区，据

《明史·郑和传》记载，有占城（今越南境内）、爪哇（今印度尼西亚爪哇岛）、真腊（今柬埔寨）、旧港、暹罗（今泰国）、古里（今印度半岛卡利卡特）、满刺加（今马六甲）、彭亨（今马来西亚彭京河口）、吉兰丹（今马来西亚哥打巴鲁）、忽鲁漠斯（今霍尔木兹海峡格式姆岛）、木骨都束（今摩加迪沙）、麻林（今肯尼亚马林迪）、竹步（今索马里境内）、慢巴撒（今肯尼亚蒙巴萨）、天方（今麦加）、沙里湾尼（今印度半岛南端）等共36个。

因此，明朝成为对外关系兴盛的一个朝代，尤其是在明成祖时期。郑和的壮举使明朝在东南亚的影响达到了高峰，出现了"万国来朝"的空前盛况，一批批友好使者不远万里历经千险来到中国。作为沟通东西方和平的使者，郑和每次返航，都有外使随船来华，多时达千人。据不完全统计，永乐一朝，仅南洋地区就有90余个外交使团来访问中国。从永乐到宣德的30多年时间里，外国使团来华更多达400多批。每次来访问的使团，最少的也有六七十人，多的达五六百人，甚至还曾接待过1200多人的使团。

■文苑拾萃

郑和的第三次下西洋

郑和在东南亚和南亚部分地区所做的大量友好睦邻工作，取得了丰硕的成果。占城国是郑和多次访问的国家。由于明朝政府制止了安南对占城的侵略，使其免于安南的兼并，又帮助其收复了被安南占领的大部分土地，所以占城举国上下对中国都满怀感激之情，热烈地欢迎郑和使团的来访。

在第三次下西洋中，当郑和宝船抵达占城新州（今越南境内）港口时，占城国国王头戴三山金花冠，身披锦花织巾，手足四腕带着金镯，脚蹬玳瑁鞋，腰束八宝方带，看上去宛如金刚。国王端坐在骑象上，前后簇拥着

500多名士兵和骑着马的部将们，来到港口迎接郑和。船队靠岸后，郑和宣读永乐皇帝的诏书，对占城国王及其臣下进行赏赐。在占城停泊期间，占城国王热情款待，与郑和船队进行了广泛的贸易互换。郑和宝船所载的丝绸、瓷器、美术工艺品等受到了占城人民的极大欢迎。这些都显示了当时明朝国盛兵强、实行对外开放的方针政策，符合海外各国人民的利益，所以才受到如此隆重盛情的欢迎。

中俄的恰克图贸易

中华民族的"互通互利"理念有数千年的文化传承，在中俄恰克图贸易史上的体现则更加明显。

恰克图在清代是中俄边境重镇，汉名为买卖城，南通库伦（今蒙古国乌兰巴托），北达上乌丁斯克（今俄罗斯乌兰乌德）。1727年10月，中俄《恰克图条约》在此草签，次年正式换文。根据条约规定，两国以恰克图为界，旧市街划归俄国，清政府在旧市街南建恰克图新市街。条约还规定，准许俄国商人贸易，其人数不得过200人，每三年可进北京一次。

1729年，清朝立市集于恰克图，并派理藩院司员驻其地，监理中俄互市。汉人称互市地为买卖城，后将两地统称为恰克图贸易圈。恰克图边境贸易持续时间最长、规模最大，不仅为两国商民熟知，且名扬世界。这一贸易对中俄关系及两国经济的发展产生了重大影响。

恰克图边境贸易的主要商品是中国的茶叶和俄国的毛织品，有文章描述："活跃的市场将恰克图造就成了富翁的城市。1870年，在恰克图，你可以听到俄国腔的汉语、中文腔的俄语，还有蒙古调的俄语和汉语，或者俄调和汉调的蒙语，各种语言在此进行'无障碍'的交流。"清人何秋涛在其著《朔方备乘》中也写道："盖外国人（俄国人）初同内地民人市集交易，一切唯恐见笑，故其辞色似少逊顺，经恰克图司员喻以中外一家之道，俄罗斯欢喜感激，信睦尤著。"可见，繁荣的经济为恰克图打造了别样的社会图景，颇有"仓廪实而知礼节，衣食住而知荣辱"的气象。

18世纪，俄国学者帕尔申曾旅行到此，在俄国海关税务总监的府邸里亲身体验了"中俄友谊"，并记到了他的《外贝加尔边区纪行》一书中。这是一次俄式节日里双方政商人物的聚会："中国人衣着非常讲究……当（俄国官员）提议举杯敬祝皇帝（沙皇）陛下健康时，全体中国人都肃然起立，与我们一起欢呼'乌拉'，并且兴高采烈地举起酒杯。这个场面我觉得非常美好。"当年的恰克图繁华盛况可见一斑。相伴而生的文化上的交融、人民之间友谊的加深应该是影响久远的物价效应，几乎无处不在地述说一个道理："互通"是纽带、桥梁、措施，"互利"是利益、是根本。

史称，恰克图和茶叶之路对俄罗斯的影响是巨大而深远的。西伯利亚地区原有的封闭与落后被滚滚的贸易洪流彻底冲破了，就像帕尔申评论所言："一个恰克图抵得上3个省，它通过自己的贸易活动将人民的财富变成宝贵和富有生机的液汁，输送到西伯利亚。"茶叶之路延伸之处，一个又一个新兴城市应运而生。茶叶之路也带动了中国北部边贸的发展，归化、库伦、多伦、张家口、包头、乌里雅苏台、科布多、海拉尔、齐齐哈尔、集宁等一大批地处边塞的中小城市得到了迅猛发展。归化和包头在其繁华之盛时，并不弱于江南。

茶叶贸易同时带动了内地的种植业、加工业和交通运输业的发展。马克思的《俄国人与中国人》中有一段叙述：这种贸易，采取一种年会的方式进行，由12家商馆进行经营，其中6家是俄国人的，另6家是中国人的。他们在恰克图进行会商，决定双方商品的交换比例——贸易完全是物物交换，中国的主要商品是茶叶，俄国则是棉毛织品。由此可见当年恰克图贸易的繁盛和广泛的影响。

故事感悟

在历史上，恰克图贸易的历史影响是巨大的。它带动了一个又一个新生城市的出现，也带动了中国北部地区边贸的发展。可以说，恰克图贸易在中俄双方之间确实起到了互通互利的作用。

■史海撷英

《尼布楚条约》签订的背景

1687年，以《尼布楚条约》签订为开端的平等的中俄政治关系为两国文化领域的交往提供了前所未有的良好条件，中俄关系的正常化使两国官方及民间都有可能在友好的气氛中了解和认识对方。从《尼布楚条约》到《恰克图条约》，短短的二三十年中，两国在语言文字、宗教、医学、手工工艺、生活方式等方面的文化交流都取得了重要进展。

从16世纪后期沙皇伊凡雷帝时开始，沙俄开始了对西伯利亚和远东的殖民过程。1636年，俄国人到达鄂霍次克海，征服了西伯利亚全境，这个地区成为了俄国人的殖民地。当俄国的势力接近清代中国时，便发生了军事冲突。从17世纪中叶起，沙俄侵略军越过外兴安岭，侵入中国黑龙江流域，烧毁村庄，杀掠人口，抢夺粮食和貂皮。

1652年（顺治九年），俄国人进入黑龙江，"驻防宁古塔（今宁安县）章京海色率所部击之，战于乌扎拉村"。这是中俄之间的第一场战斗。之后中俄之间又相继发生了多次外交和军事上的冲突。

1657年，沙俄派正规军在尼布楚河与石勒喀河合流处建立了雅克萨城与尼布楚城。在边疆人民奋起抵抗下，清政府曾一度派兵收复过雅克萨，并曾多次敦促沙俄进行谈判，可是俄方却置之不理。1685年，康熙帝在平定"三藩之乱"后，派将军彭春等人于5月22日从瑷珲起兵，5000人分水陆两路围攻雅克萨。5月25日，在凌厉的攻势面前，侵略军被迫投降，答应撤退。但当清军一离开，侵略军又偷偷开进雅克萨城重建据点。第二年，清军再次围攻雅克萨城。经过几个月的战斗，侵略军头子托尔布津被击毙，俄军伤亡惨重，雅克萨城指日可下。这就迫使沙皇政府"乞撤雅克萨之围"，并派戈洛文为大使，前来中国举行边界谈判。十一月，清政府为表示谈判诚意，宣布无条件停火，停止攻城。

1689年9月7日（康熙二十八年七月十四日），《尼布楚条约》正式签字。《尼布楚条约》是中俄双方在平等基础上（中方作出了很大让步）签订的一个条约。

■文苑拾萃

茶文化

茶文化包括茶叶品评技法、艺术操作手段的鉴赏、品茗美好环境的领略等整个品茶过程的美好意境。其过程体现形式和精神的相互统一，是饮茶活动过程中形成的文化现象。它起源久远，历史悠久，文化底蕴深厚，与宗教结缘。全世界有100多个国家和地区的居民都喜爱品茗，有的地方还把饮茶品茗作为一种艺术享受来推广。各国的饮茶方法不尽相同，各有千秋。中国人民历来就有"客来敬茶"的习惯，这充分反映出中华民族的文明和礼貌。

驼铃叮当的"茶马古道"

在横断山脉的高山峡谷，在滇、川、藏"大三角"地带的丛林草莽之中，绵延盘旋着一条神秘的古道。这就是世界上地势最高的文明文化传播古道之一的"茶马古道"。

茶马古道可与"丝绸之路"相媲美。中途横越4条河流，分别是金沙江、澜沧江、怒江、雅鲁藏布江。茶马古道也成为西南地区各民族间互通有无、进行经济文化交流的纽带。

茶马古道起源于唐宋时期的"茶马互市"。因康藏属高寒地区，海拔都在三四千米以上，糌粑、奶类、酥油、牛羊肉是藏民的主食，在高寒地区，需要摄入含热量高的脂肪，但没有蔬菜，糌粑又燥热，过多的脂肪在人体内不易分解，而茶叶既能够分解脂肪，又能防止燥热，故藏民在长期的生活中，创造了喝酥油茶的高原生活习惯。但藏区却不产茶，而在内地，民间役使和军队征战都需要大量的骡马，但供不应求，而藏区和川、滇边地则产良马。于是，具有互补性的茶和马的交易，即"茶马互市"，便应运而生。

这样，藏区和川、滇边地出产的骡马、毛皮、药材等和川滇及内地出产的茶叶、布匹、盐和日用器皿等，在横断山区的高山深谷间南来北往，流动不息，并随着社会经济的发展而日趋繁荣，形成了一条延续至今的茶马古道。

茶马古道起源于唐宋时期，属康藏高寒地区的商贸交通要道。虽然这条古道在海拔三四千米以上，但至今不衰，我们不得不感叹古人的伟大。

古代重要的物资集散地——利溪廊桥

利溪廊桥位于四川省利溪镇老场附近的小溪上，是连接利溪老场和综合街的通道。虽然现在其地理优势并不明显，但在古代却是一个集交通、市场于一体的交通要道。

廊桥在当地称为米桥，顾名思义就是古时的米市场。据当地老人讲，利溪镇在解放前是阴历三六九逢场。由于当时陆路运输不发达，水运便成为货物的主要运输方式，而利溪场镇地处嘉陵江边，自然而然成了河舒、罗家、兴旺等乡镇的物资集散地，因此生意兴隆。但小溪的阻隔无疑给客商贸易带来诸多不便，特别是夏季嘉陵江涨水，客商可以两岸对话，但不能进行物资交流，只好望水兴叹。

清乾隆五十年（1786年），当地的几个大姓人家（伍家、林家、蔡家、姜家）便组织村民投资投劳，聘请能工巧匠修建了米桥（廊桥），连通利溪场镇及对岸。同治年间，分别在另外两条小溪上修建了粮食桥和萝卜桥。3座桥修好后，便成为粮食、大米、蔬菜交易场所。其中粮食桥主要用于玉米、麦子、豌豆等杂粮交易，米桥（廊桥）主要进行大米交易，萝卜桥进行蔬菜买卖。这种以桥代市的贸易习惯一直沿袭到解放后，即使今天，也有不少当地居民习惯在桥上交易。

古代著名的盐官古镇

盐官古镇处于钱塘江入海口的咽喉。在钱塘江大桥通车前，这里一直是两浙的交通孔道，是重要的物资集散地。城市经济自古繁荣，经济的繁荣同时也促进了文化的发展，使盐官人才辈出，仅清朝陈家就出现了"一门三人四阁老，六部五人七尚书"的奇迹。此外，明代的戏曲家陈与郊、享誉海外的著名国学大师王国维、著名文学家陈学昭等都是盐官人。城内众多的名人故居更为其增添了风采。

晚唐穿越秦岭的三条谷道

在中、晚唐时，从汉水之滨的梁州和洋州，向北穿越秦岭至关中京畿地区的陆上通道主要有三条，即褒斜谷道、傥骆谷道和子午谷道。现分别介绍如下：

一、褒斜谷道。简称褒斜道。该谷道是由秦岭南坡的褒谷和秦岭北坡的斜谷经过人力改造而形成的通道，是历史上穿越秦岭的南北交通要道之一，最早开通于战国时期的秦国。

汉武帝时，曾努力将流经褒谷的褒水和流经斜谷的斜水进行疏凿，并在上游绝水地带开辟连接两水的陆道，试图组成一条水陆联运的漕运路线，结果因褒、斜两水的流量有限和斜水河道中巨石过多而宣告失败。但是循着褒、斜两谷而开辟的陆道却获得成功，这使秦岭南北的交通条件得到大大改善。

褒斜谷道起自褒中县（今陕西褒城县东）以北6里的褒谷口循褒水河谷北上，经石门、三交城而至衙岭，接着越过衙岭进入秦岭地区，循斜水河谷东侧而下，经斜峪关、五丈原出斜谷口，到达郿县（今陕西眉县）。褒斜谷道沿途两侧，山势陡峭，河谷深切，谷道很长。褒斜谷道就是大致沿着河谷走向，依山傍水，凿石架木而开通的一条蜿蜒、崎岖、险峻的山谷栈道。全程长470余里，通称500里。

二、傥骆谷道。简称傥骆道，通常称为骆谷道。骆谷道位于褒斜道和文川道以东，因其南口在洋州兴道县境内的傥谷口，北口在盩厔县境内的骆谷口，故名。

骆谷道的特点是：位于秦岭北坡的骆谷本身很短，位于秦岭南坡的傥谷本身也不长，而在南、北两谷之间的山地路程却很长，并且骆谷内有黑河的多条支流横截其间。行走于该谷道，其间需多次跨越河流和山梁，连续地上下坡。加上该道多毒蛇，常隐伏在"竹、木之上，能十数步外窜出噬人，人中此蛇者，即须断肥去毒，不然立死"。因此，通行该道"艰难险阻，人尝病之"。但骆谷道的地理位置离长安较近，从长安穿越秦岭至汉中或巴蜀地区，走此道较为近便，因此在唐朝时也成为重要的南北通道。

三、子午谷道。简称子午道，古代称为蚀中。此道是穿越秦岭的南北交通要道之一。

子午道的北口在杜陵县（今陕西长安县东北）境内的子午谷口，而子午谷口在长安城南60里处，因此子午道北口的地理位置十分明确，而子午道南口的地理位置却非常模糊。

子午道自北向南的行经路线是从长安向南行60里至子午谷口，因子午谷本身并不长，入谷后行20多里，向西越过横梁进入沣水河谷并到达子午关。关隘位于沣水河谷内，为王莽重开子午道时所建，距长安约100里。

这里两侧岩壁对峙，谷身狭窄，形势险要。过子午关后，循津水河谷而上，越过秦岭，进入秦岭南坡的洵水上游河谷，循河谷而下，经东江口、七里沟口后，转入池河上游的河谷，再顺着河谷而下，经腰岭关至今石泉县境内的池河镇。

子午道虽然北口接近长安，穿越秦岭到达汉中的路线又相对较短。但是，沿途山高林密，道路多险阻，加上其南口的地理位置偏东，距离汉中地区经济、交通中心的南郑较远，因此在历史上所起到的交通作用比褒斜道和骆谷道都要小。

□故事感悟

在安史之乱及战后的中、晚唐时期，上述三条穿越秦岭的栈道，与长江、汉水以及渭水、关中漕渠共同组成了一条水陆联运的漕路，长期替代被叛军破坏和短期替代被藩镇阻断的传统漕路，将江淮地区的粮食、物资，源源不断地运输到关中和长安，对于支撑着唐朝政府的继续存在与运转，起到了至关重要的作用。

□史海撷英

回车路

目前保存在汉中市博物馆的北魏《石门铭》石刻，记载此事云：

"此门盖汉永平中所穿，将五百载。世代绵迴，戎夷递作，乍开乍闭，通塞不恒。自晋氏南迁，斯路废矣。……皇魏正始元年，汉中献地，褒、斜始开，至于门北一里。西上凿山为道，峭岨盘迁，九折无以加，经途巨碍，行者苦之。……（正始）三年，诏假节龙骧将军、督梁秦诸军事、梁秦二州刺史羊祉，……以天险难升，转输难阻，表示自迴车以南开创旧路，释负担之劳，就方轨之逸。诏遣左校令贾三德领徒一万人，石师百人，共成其事。……起四年十月十日，讫永平二年正月毕功。阁广四丈，路广六丈，皆填蹊栈壑，砰险梁危。自迴车至谷口二百余里，连辀骈辔而进。"

从上引《石门铭》记载可知，自武关驿至迴车段新路是在北魏宣武帝正始四年（507年）十月至永平二年（509年）正月期间开通的。因该路始自迴车之地，故史称回车路。

第四篇
繁荣盛世　政通人和

"休养生息"政策

刘邦（公元前256—前195），字季。今江苏沛县人。刘邦的父亲和哥哥都在家种田，他却游手好闲，不愿干农活。刘邦壮年时做过秦朝沛县泗水亭长，48岁在沛县起兵，响应陈胜、吴广领导的农民起义。于55岁时登上皇位，在位7年。

刘邦称帝后，面临着一系列重大问题，如封建统治还不稳定，一些封王拥兵自重、割据一方和战后经济凋敝、财源不足，北方匈奴还不时骚扰等问题，都严重威胁着西汉王朝的统治。

在这种情况下，刘邦博采众议，吸取秦代的经验教训，采取了一系列"休养生息"的政策和措施。

一、迅速恢复和健全封建国家机器，加强地主阶级的统治。刘邦称帝后，首先在全国从中央到地方建立了严密的统治网，恢复并建立了各级政权，加强了对农民的统治；重建赋税徭役制度，进行了全国的人口登记，在全国建立了周密的户籍制度，依据户籍向人民摊派各种赋税和徭役。如按土地征收佃赋，按人的性别和年龄的不同征收人头税。徭役又分兵役和力役，规定成年男子都要应役。另外，刘邦还征召社会上一

些有名望的"贤士大夫"到京师,分派官职,一方面为了充实官僚机构,另一方面也为了防止这些人作乱。

二、铲除异姓王,分封同姓子弟为王、功臣为侯和迁豪富于京师。在楚汉战争中,刘邦为了战胜项羽,争取力量,不得不把一些强有力的将领分封为王。他们领地广,并握有兵权,刘邦意识到他们对西汉政权的威胁极大,便将他们一一铲除;同时分封刘姓子弟为王,将功臣部将分封为侯,取得他们的支持,这对稳定局势也起了一定的作用。而迁豪富则是为了便于对他们进行控制。

三、分给复员军吏士卒田宅和免除其徭役,使他们安居乐业,不再作乱;实行重农抑商政策,使巨商大贾受到惩罚,不敢重利盘剥贫苦人民;还有释放奴隶,鼓励增殖人口等措施,对经济的恢复和发展也起了重要的作用。

刘邦采取的一系列政策,解决了西汉初期劳动力不足的问题,释放了囚犯,使流民返乡,军人复员,鼓励生育;同时调整了土地,发展了地方经济,使战后的西汉王朝得以"休养生息",为汉王朝的发展打下了坚实的基础。

公元前200年,因匈奴不断侵犯北部边境,刘邦曾亲率大军到平城(今山西大同县东)准备出击匈奴,却不幸被匈奴围困,不战退回。此后刘邦便只好用和亲政策求得暂时的安宁。虽然这是一种忍辱退让的政策,但在当时却有利于人民的休养生息。

□故事感悟

刘邦在位7年,完成了西汉王朝的统一。为了实现"休养生息"的治国目的,他采取了各种政策和措施,创立了经济发展良好的局面,为汉朝的强大奠定了基础。

刘邦的胜利依据

刘邦当皇帝不久，在洛阳南宫大摆宴席，庆贺胜利。庆功宴上，刘邦问大臣们："我为什么能够成功？项羽为什么会失败？"高起、王陵说："陛下派人攻城略地，能论功行赏，有好处肯和部下同享；而项羽妒贤嫉能，陷害有功的人，猜疑有能力的人，打了胜仗不给人记功，得了地方不肯分给部下，所以他失败了。"刘邦道："你们只知其一，不知其二。论足智多谋，运筹决策，我不如张良；论坐镇后方，安抚人民，筹措粮饷，我不如萧何；论统率百万大军，战必胜、攻必取，我不如韩信。这三个人都是出色的人才，而我能使用他们，所以我取得了最后的胜利。项羽有一个范增，却不能信用，所以被我们打败了。"

刘邦的这一分析虽也有道理，但取胜的根本原因还在于他代表了中、小地主阶级和部分农民的利益。他的政治理想是建立一个统一的封建王朝，这正符合历史发展的要求和广大人民群众的愿望。而且，他进入咸阳后，实行了比较开明的政治主张，"约法三章"，取得了民心，得到了人民的拥护和支持。在同项羽的争夺中，刘邦又能把反项力量联合在一起，争取了多数，孤立了项羽。同时，他又有安定的后方，兵源、粮饷都较充足。这些都是他成功的重要因素。

鸿门宴

项羽听说刘邦先到了关中，极为不满，于是带着40万大军打进关中，要同刘邦决战。当时，项羽率大军驻在新丰鸿门，刘邦领10万军驻灞上，两军相距仅40里。刘邦听说项羽要来进攻，就带谋士张良、

武将樊哙等100余骑到鸿门会见项羽，以此"表白"自己没有同项羽争夺天下的野心。项羽"设宴"招待刘邦，这就是历史上有名的"鸿门宴"。

席间，项羽的谋士范增让项羽的堂弟项庄舞剑，以助酒兴为名，企图杀掉刘邦。但项羽的叔父项伯拔剑起舞保护刘邦，使项庄没机会下手。张良见势不妙，急忙找来樊哙保护刘邦，又用"大义"斥责项羽，这才使刘邦安全回到自己的营地。这就是后人经常引用"项庄舞剑，意在沛公"故事的由来。后来刘邦被封为汉王，项羽自号为西楚霸王，楚汉相争的局面正式形成。

西汉的"文景之治"

刘恒（公元前203—前157），是汉朝的第三位皇帝（不包括两位汉少帝的情况下）。汉高祖刘邦第四子，汉惠帝刘盈弟，母薄姬。

刘恒自公元前179年末继位开始，至公元前157年去世，共当了22年皇帝。在这22年中，他所采取的基本国策是与民休息，安定百姓。也许因为他本身就不是在奢华中成长的缘故，加上他在做皇子的时候地位比较低下，因此得以接触到社会中下层人物，他对他们的生活也较为了解，也希望能够为这些贫下中农带来一些生活上的转变。

作为统治者来说，要想巩固自己的统治，除了要有一个稳定的统治阶级，还需要得到被统治阶级至少不是反对的态度。因此，刘恒在即位不久，就接连下了两道旨在赡养鳏寡孤独、贫穷困窘的人的诏书。

为了刺激农业生产的恢复和发展，他曾"开籍田"，"亲率耕，以给宗庙粢盛"，又采纳晁错"贵五谷而贱金玉"的主张，实行以粮食换取爵位或赎罪的政策。他曾多次降低田税，公元前167年曾一度宣布"除田之租税"。这些政策的实施，使汉朝国力迅速恢复，文景之治的局面

有了雏形。

景帝即位后，继承了文帝的治国方针，继续保持安定局面，发展生产，休养生息，宣布允许人民迁徙到地广人稀的地区去发展生产。为了鼓励农民生产，他又宣布减免一半田租，将田租从汉文帝时期的"十五税一"改为"三十税一"。景帝一直重视农业生产，直到晚年，还不断强调农桑之本的重要。为了与民休息，景帝从不大肆使用民力。他在位期间，除为自己修建了一座规模不大的阳陵外，基本上没有兴建其他土木工程。

轻刑也是景帝比较重视的一项安民措施。景帝曾数次大赦天下，并废除了一种分裂尸体的酷刑，将其改为弃市。为了避免枉屈无辜，景帝三令五申，强调决狱务必先宽，即使不当也不为过，要求判案时尽管依据律文治罪。但若罪犯不服，必须重新评议，一切都要体现宽厚仁慈。

景帝奉行老子的无为而治思想，学术上则对诸子采取兼容并蓄的态度，允许百家争鸣。在崇尚道学的同时，景帝也很注重儒家的教化作用，当时为儒家设立了不少博士官，《诗》《书》《春秋》等均立博士。景帝还起用公羊学大师董仲舒和胡毋生为博士，这种活跃局面大大推动了儒家的教化和影响。

景帝继续采取汉初以来与匈奴和亲的政策，尽管如此，匈奴一方还是时常小规模地入侵汉境。对于匈奴的入侵掠夺，景帝从维护汉匈和好的大局出发，从未进行出兵反击，最多只是增调部分骑步兵屯守防御。为了维护汉匈和睦关系，景帝还在汉匈边界设置关市，互通有无，大大促进和便利了汉匈之间的经济文化交流。

景帝在位期间，维护安定，与民休息，使当时社会经济稳定发展，终于形成了"文景之治"的繁荣，使之成为西汉王朝的升平时代。

汉文帝刘恒和儿子刘启统治时期，西汉出现了国泰民安的"文景之治"。这首先要归功于刘邦和刘盈的治国主张和所推行的政策，但起决定性作用的，还在于刘恒贤智温良的性格和儿子刘启不遗余力的积累，才为后来汉武帝建立伟大的功业奠定基础。因此，我们不能不说刘恒和刘启也是历史上的好皇帝！

■史海撷英

回头浪子汉景帝

汉景帝刘启是中国皇帝中少有的"回头浪子"。他年少时蛮横成性，直到打死吴王刘濞的儿子，闯下弥天大祸后，方得以悔改。刘启即位后，倒成了少有的仁慈之君。这种性格上的转变太过突兀，让人费解。不过，他的上台也值得庆幸，如果让比他更为骄蛮的弟弟刘武上台执政，那么"文景之治"就有可能不复存在了。

■文苑拾萃

汉文帝从谏如流

汉文帝刘恒即位后，从谏如流，在诤谏面前，他肯承认自己的过失并及时纠正。有一次，刘恒走进郎署，与署长冯唐闲谈，知道冯唐祖上是赵国人，父亲时住代郡，而他自己曾为代王，就对冯唐说："在当代王时，厨师上饭时说战国时赵国有个将军叫李齐，很能打仗，后来每吃饭时就想到这个李齐。"他问冯唐知否李齐其人。冯唐说：赵国的将军最著名的是廉颇和李牧，接着又讲了廉颇和李牧的许多事迹。刘恒越听越高兴，拍着大腿说："哎呀！我要是有廉颇和李牧那样的将军，就不用担心匈奴了！"

冯唐却说："陛下就是得到廉颇和李牧，也是不能用的。"刘恒很生气，过了好大一会儿，又问冯唐："你怎么知道我不能用廉颇、李牧呢？"冯唐说："廉颇、李牧所以能打胜仗，是因为赵国君主充分信任他们，给他们自主权力，不干涉他们的具体事务，只要求他们打胜仗。而现在云中郡太守魏尚优待士卒，打了很多胜仗，匈奴不敢接近云中，但却因上报战功时交的敌人首级比他报的数字差6个人头，陛下就把他罢官、削爵、判刑。立了大功不受赏，出了小错受重罚，所以说就是得到廉颇、李牧，也是不能用的。"刘恒听了很高兴，当天就派遣冯唐持节赦免魏尚，恢复他的云中太守职务，并任命冯唐为车骑都尉。

"以柔治国"的刘秀

刘秀（公元前6—57），南阳蔡阳（今湖北枣阳）人。后汉王朝（也俗称东汉）开国皇帝。新莽末年，海内分崩，天下大乱，身为一介布衣却有皇族血统的刘秀与兄长在家乡乘势起兵，并在昆阳之战中一举歼灭了新莽王朝的主力。25年，刘秀与绿林军公开决裂，在河北登基称帝，建立了东汉王朝。经过长达数十年之久的统一战争，刘秀先后平灭了更始、建世和陇、蜀等诸多割据政权，使得自新莽末年以来，纷争战乱长达20余年的中国大地再次归于一统。天下定后，刘秀推行"偃武修文"的国策，发展生产，大兴儒学，从而奠定了东汉王朝近200年的基业。

在历代开国皇帝中，刘秀的文化程度算是最高的。在称帝之前，他已经是太学生了。因此，刘秀才能率众获得昆阳之战的大胜，才能在兄长刘縯被刘玄所杀后，还能隐忍不发、韬光养晦。直到刘秀去了河北，得到当地地主豪强势力的支持，才称帝而取天下。

刘秀将他的军事和统治政策的核心定为以柔取天下，以柔治国，结果迅速统一了全国，又迅速解决了西汉末年土地流失、生产滞后的问

题，使东汉王朝的经济在短期内得以恢复，社会生产力也大为发展。

统一天下后，刘秀总结前朝教训，确立了一套新的治国方略，其核心是好儒任文、以柔治国。

刘秀"未及下车，先访儒雅"，想方设法把一些著名儒学人物拉到自己的身边，封官授爵，以礼相待，使身边很快就集中了一大批当时的著名学者。

刘秀自己就是一个爱好儒学的人。当朝廷议事结束以后，他经常与文武大臣一起讲论儒学经典里的道理，直到半夜才睡觉。刘秀有时亲自主持和裁决当时今文经学和古文经学的争论。

为了适应由取天下向守天下转变的这一根本需要，刘秀逐渐改变了官吏队伍的素质和结构，命令多数在战争中凭军功提拔起来的功臣交出手中的权力，各自回到家中养尊处优，用文吏取代功臣。刘秀还大力缩减自汉武帝以来大为膨胀的官府及吏员设置，合并官府，减少吏员，使费用大为节省，减轻了人民的负担。

刘秀常常显示出一种恢廓大度、平易谦和的气度。29年，割据陇右的隗嚣分别接到公孙述和刘秀的招降信，犹豫未决，就派他的将军马援先后去公孙述的成都和刘秀的洛阳考察。马援到成都，公孙述接见他时戒备森严；而等到了洛阳，刘秀接见马援时，却没有升堂坐垫，只是便衣便服，独自一人接见马援。

刚见马援，刘秀就微笑着说："您遨游在两个皇帝之间，见多识广。今天见到您，我深感惭愧了。"马援见刘秀如此平易谦和，立即叩头说："当今的局势下，不只是君主在选择臣下，臣下也在选择君主。我现在从远方来，陛下接见我连警卫都没有，就不提防我是间谍刺客吗？"刘秀笑着说："你不会是刺客，只是个说客罢了。"马援心悦诚服，回去后劝隗嚣归附刘秀。隗嚣不听，他就脱身自己归服。

太原郡（治晋阳，在今太原市以南）有很多春秋时晋国公族的后裔，他们对新的统治者常常保持一种对立情绪，不肯称臣。以至于到刘秀时期，太原仍被称为"难化"之地。刘秀以恢廓大度、平易谦和的姿态来对待他们，很快就令他们心悦诚服。

刘秀在以柔道治理国家后，还颁布了一些有利于奴婢的政令。他先后9次发布释放奴婢和禁止残害奴婢的命令。之后，还多次下令免罪徒为庶民，减轻租税徭役。刘秀发放赈济，兴修水利，发展农业生产，并减400余县，精简官吏，节省开支，抑制豪强，巩固中央集权。从此，百姓安居乐业，社会矛盾得到平缓，国力也有极大的提高。

为了加强皇权，刘秀还颁行图谶，神化皇权。他本来是不相信这些的，但后来发现它确实是支持和维护自己统治的"法宝"，便大肆推行；到了晚年还宣布图谶于天下，作为法定的思想统治工具。

▊故事感悟

刘秀将自己的军事和政治政策的核心定为以柔取天下、以柔治国，结果迅速统一了全国，又迅速解决了西汉末年土地流失、生产滞后的问题，使东汉王朝的经济在短时期内得以恢复，社会生产力也大为发展。刘秀的政策使东汉初年出现了政通人和的局面，是十分难得的。

▊史海撷英

"硬脖"董宣

刘秀称帝后，对贵戚的过分行为有所约束，一般能够理智对待。刘秀的姐姐湖阳公主的奴仆大白天行凶杀人，躲在公主家中，官吏不能捕捉。洛阳县令董宣不能进公主府去搜查，就天天派人在公主府门口守着，只等

那个凶手出来。有一天，听说公主要出门，跟随着她的正是那个杀人凶手。董宣得到消息就亲自带衙役赶来，拦住湖阳公主的车。湖阳公主认为董宣触犯了她的尊严，沉下脸来说："好大胆的洛阳令，竟敢拦阻我的车马？"董宣没有被吓倒，也不管公主阻挠，吩咐衙役把凶手逮起来，当场处决。公主立即回宫告到刘秀那里，刘秀大怒，立刻召董宣进宫，吩咐内侍当着湖阳公主的面，责打董宣，想替公主消气。

董宣说："先别打我，请允许我说一句话。我说完了话，情愿死。"刘秀说："你想说什么？"董宣说："陛下是一个中兴的皇帝，应该注重法令。现在陛下让公主放纵奴仆杀人，还能治理天下吗？用不着打，我自杀就是了。"

说罢，他挺起头就向柱子撞去。刘秀连忙吩咐内侍把他拉住，董宣已经撞得血流满面了。刘秀赶紧要小太监抱住他，要他给公主叩个头谢罪。董宣坚决不叩，刘秀就要人按着脖强叩，董宣就两手撑地，最终也不低头。

内侍知道汉光武帝并不想把董宣治罪，可又得给刘秀下个台阶，就大声地说："回陛下的话，董宣的脖子太硬，摁不下去。"刘秀也只好笑了笑，下命令令："把这个硬脖子撵出去！"湖阳公主不满地说："陛下从前做平民的时候，还收留过逃亡和犯死罪的人，官吏不敢上咱家来搜查。现在做了天子，怎么反而对付不了小小的洛阳令？"刘秀笑着说："这就是天子与平民百姓不同啊！"刘秀还奖励了董宣，给他加了一个"强项令"（意为刚强不肯低头的县令）的美名。

□文苑拾萃

刘秀为人的两面性

刘秀对于臣下的歌功颂德、阿谀奉承，常能持一种清醒的、有时是厌恶的态度，而对一些刚正不阿的官吏却经常提出表扬。有一次，刘秀外出打猎，直到深夜才回来。他想从洛阳城的东北门进城，结果守门的郅恽拒不开门。刘秀没法，只好转到东城门进了城。第二天，郅恽上书批评了刘秀一顿，但刘秀却赏了郅恽100匹布，并把掌管东门的人贬为登封县尉。

但刘秀毕竟是皇帝，不能容忍有伤尊严的事。大司徒韩歆为人直率，说起话来无所隐讳，刘秀经常对他不满。一次朝会上，韩歆列举大量事实证明要发生饥荒和动乱，言辞激烈，说起话来指天画地。自尊心受到伤害的刘秀气得当即罢了韩歆的官。韩歆回家后，刘秀仍怒气未消，又派人带着他的诏书去谴责他。罢官之后皇帝特诏谴责，就意味着要治死罪，结果韩歆及其子韩婴被迫自杀。

成武帝李雄治国

李雄（274—334），即成武帝，中国十六国时期成国建立者。306—334年在位。李雄是豪强领袖李特第三子，巴氐族人，母罗氏。巴西宕渠（今四川渠县东北）人，后迁略阳（今甘肃天水秦安县）。

李雄在306年建立的成国，可以算是当时兵荒马乱下难民的乐土。他称帝后所制定的一系列治国方针，使流亡至此的难民无不欢欣鼓舞，积极投入到生产中，使得成国实力迅速增加，成为当时偏安一方的强国。

李雄父亲李特在四川起兵自立后，李雄被封为前将军。303年，李特战死，李雄的叔父李流被吓破了胆，准备向晋军投降。李雄不愿投降，于是带兵攻打晋军，取得大胜。李流对李雄刮目相看，便把军权交给了李雄。

304年，李雄自称成都王，并于两年之后称帝。李雄本是流民出身，并不了解封建官制，因而建国之初，大臣们经常为官位高低争吵得不可开交。后来李雄建立百官制度，又出现买官的情况。由于财政入不敷出，李雄便默认部下可以用金银买官。但后来发现弊病太多，于是李雄又严禁买官，将所有精力转到农业生产的发展上来。成国实力迅速提高。到了314年，汉嘉、涪陵、汉中地区成为成国的领地。这一时期，也是成国最强盛的时期。

■故事感悟

在战争纷乱的十六国时，李雄能够建立起成国，可谓不简单；而当时作为成都王来说，能把国家治理成兵荒马乱处境下难民的乐土，就更加不容易。作为皇帝来说，能做到这一点，是难能可贵的。

■文苑拾萃

李班太子

李雄共有10个儿子，却偏偏立侄子李班为太子，原因是儿子们不合他心意。后来他生病后，儿子和侄子李班的表现也证明了他的选择没有错。334年，李雄头顶生疮，脓水长流。他的儿子看后直感恶心，躲得远远的；只有李班不分昼夜地在他身边侍候，经常用嘴为他吸脓水。李雄病了6天就一命归天，时年61岁。

拓跋珪的改革

建国之初，拓跋珪就顺利解决了与叔叔拓跋窟咄之间的内乱，使得拓跋部落联盟得到巩固和发展，王权也得到强化。

随后，拓跋珪开始东征西讨。经过5年的战争，他将蒙古南部和山西北部草原上的所有对手消灭，然后又兼并库莫买、高车、纥突邻等弱小部落，从而得到大量的土地、大批人口和数以十万、百万计的马、牛、羊等牲畜，大大充实了自己的实力。

这时候，北方各割据政权你争我夺，互相蚕食，只剩下几个较强的政权了，其中后燕是最强大的一个政权。394年，后燕君主慕容垂出兵灭了西燕，然后于395年进攻华北地区最强大的对手北魏。拓跋珪设计将后燕军队全歼，只有慕容垂的四子慕容宝单骑逃脱，辎重兵械也全落入拓跋珪的手中。拓跋珪下令将被俘的几万燕军全部坑杀，严重削弱了后燕的实力，改变了北魏和后燕的力量对比。

396年，慕容垂又亲率大军前来报仇，拓跋珪避其锋头，等待时机。慕容垂虽然取得一些胜利，但始终未能与北魏主力部队决战，结果因病重不得不引兵而还，最后死于途中。慕容垂死后不久，拓跋珪在盛乐称帝，随后乘后燕内乱之机，亲率大军进攻后燕，两个月后灭掉后燕。

之后，拓跋珪又兵分几路，完全占领了黄河中下游的后燕故地，此时的北魏已经成为北方最强大的政权。398年，拓跋珪迁都平城，开始采取一系列措施，促使拓跋部从奴隶制迅速向封建制过渡。

拓跋珪首先下令发展农业，于394年在河套平原开始屯田。由于屯田的百姓可以获得一定的报酬，所以这一措施很得民心，为促使拓跋部畜牧经济逐渐转向农业经济创造了有利条件。

此外，拓跋珪还将被征服地区的大多数人作为"新民"内徙，发给他们耕牛和农具，授给他们田亩，使他们成为彻底的编户农民。他的一系列政策的实施，使国家的局面从战争中迅速稳定下来，老百姓得以安居乐业，国家经济快速恢复，实力不断增强。

随后，拓跋珪多次下令，实行旨在解散部落组织的"分土定居"政策，强制解散带有血缘关系的各部落组织，重新按居住地组织编制，变成国家的编户农民。拓跋珪为北魏政权的发展和稳定，作出了巨大贡献。

■故事感悟

拓跋珪在历史上是个很有作为的皇帝，上台后进行了一系列的改革，并积极吸取汉文化的精髓，把国家治理得井井有条，使他统治下的北魏政权日益强盛起来，独据一方。

恶有恶报的拓跋珪

建国初期，虽然拓跋珪政治通明，但在其后的日子里他总想长生不老，因而经常服食朱砂、石英等矿物质制成的有毒方药寒食散，结果毒性发作，使得他性情喜怒无常，经常动手将人毒打致死。他还喜欢坐人力车，乘车时手拿宝剑敲打拉车人头部，死一个换一个，有时每天能打死几十人。

拓跋珪杀来杀去，杀得自己也害怕了，于是他经常更换寝室，就连亲信都不知他住在什么地方，只有宠姬知道。但没想到他还是被和他宠姬私通的二儿子拓跋绍刺死，享年39岁。

拓跋焘一统北方

拓跋焘（408—452），字佛狸。鲜卑族。北魏世祖，太武皇帝。他亲自率领北魏铁骑灭亡了夏国、北燕、北凉等诸多政权，统一北方；向北，马踏漠北，横扫了占据蒙古大漠的柔然汗国；向南，屡次挫败南朝，并占据了刘宋的河南之地。拓跋焘是南北朝时期杰出的骑兵统帅。

拓跋焘于423年即位。即位不到一年，柔然骑兵6万就来犯边，年仅17岁的拓跋焘闻讯后亲自带兵，日夜兼程，前往边疆云中。到达云中后，队伍还来不及休整，柔然骑兵将北魏兵马团团困住。北魏士兵见对方强大，军心顿时大乱。但士兵见自己的年轻统帅拓跋焘临危不惧，情绪很快就平静下来，并听从拓跋焘的指挥，首先射杀了柔然的前锋将领。柔然首领大檀见势不妙，赶紧后撤。第二年，拓跋焘兵发5路，征讨柔然，大檀吓得向北逃窜。

429年，拓跋焘主动出击柔然。柔然大檀措手不及，仓促之间，只得向西狂奔。拓跋焘率军在方圆几千里的范围内，分兵搜寻柔然残部。此次进攻，拓跋焘取得大胜，被北魏抓住的柔然有30多万户，马牛羊

达几百万头；高车部也有几十万人向北魏投降。拓跋焘将这些降附的部落迁到漠南几千里的边境上，监督他们从事农耕和畜牧业，并要他们每年向北魏交纳大量贡税，使得北魏毡毛皮货堆积如山，马牛羊的价格也大大跌落。

432年至439年，拓跋焘在北方纵横驰骋，先后灭掉北燕、北凉等国，终于统一了北方。

统一北方后，拓跋焘很清楚地知道：现在他只是武力上统一了北方，在人心归向上还没有完全统一。而要达到真正意义上的统一，就必须兴办学校、开馆授经，提高鲜卑族官员的汉化水平，接受中原汉族的封建统治思想和理论，才能得到当地封建贵族的支持，进而真正完成统一。于是，拓跋焘于426年兴办太学。444年，拓跋焘又下令所有王公大臣和王公贵族的子孙都要进太学，学习经史。

在北魏统一后，进入中原为官的拓跋贵族们并没有什么法律观念，随意贪污勒索。看到这种情况，拓跋焘把修订律法、整顿吏治看作是汉化的标志和确立统治秩序的关键。431年，他就让崔浩修改律令。经过20年的修改后，最后拟定了391条律令，并将其颁布在全国实施。

拓跋焘又针对官员中徇私情、废王法、官官相护等恶劣的官场作风，于437年开始整顿吏治，考察和监督地方官员；并让年事已高的功臣元勋退休养老，享受优厚的待遇，而提拔年轻人才充实到官僚队伍中。这一具有战略眼光的措施，使受过汉文化教育的青年贵族大量替代了比较保守的老一代鲜卑旧臣，对于北魏的政权建设及发展步伐起到了重要的意义。

拓跋焘行事节俭，平时吃饭穿衣，也仅仅是充足而已，从不讲究排场。他还命令所有官吏都要节俭，减轻了人民的负担。

拓跋焘统治北魏，相当于秦始皇统治秦朝，他是北魏诸皇帝中最有贡献的皇帝。他的功绩在史册上有重重的一笔，是我国少数民族的骄傲。

拓跋焘听信谗言处死太子

拓跋焘晚年的时候也犯了一些错误，如相信谗言逼死太子这件事情。

太子拓跋晃聪明干练，将国家大事处理得井井有条，但拓跋焘宠信的一个宦官宗爱因与拓跋晃早就不和，现在又见拓跋晃日益得到拓跋焘的信任，害怕以后拓跋晃即位后对自己不利，于是就常常在拓跋焘面前说太子坏话，谎称太子为了早日登基，密谋杀父。拓跋焘听信其话，一怒之下，将拓跋晃手下十几个帮助处理政务的大臣全部处斩。拓跋晃吓得一病不起，到451年竟然病死了。

拓跋晃死后，拓跋焘得知太子并未反叛，感到非常内疚和伤心，追谥拓跋晃为景穆太子，又把拓跋晃的儿子拓跋睿立为皇太孙。